做自己的
人生財務長

人生就像一間公司，運用經營原則，
讓個人財富極大化

FAMILY INC.
Using Business Principles to Maximize Your Family's Wealth

道格拉斯・麥考米克 Douglas P. McCormick —— 著
陳鴻旻、曾志傑 —— 譯

目 錄

好評推薦

「讀完本書，你會知道該選擇什麼工具和用什麼方法投資，把自己當作一家公司來經營，一輩子的職涯、財務規劃通通搞定。」

——蔡志雄，財經專家、律師

「穩健的個人投資原理固然重要，但如果想要有穩如泰山的財務前景，只要好好把握自己的職業生涯，肯定會有回報。麥考米克不是說工作只比薪水，但這是一個要謹記的因素。」

——《紐約時報》

「身為一家之主，面對一家大小各種財務的疑難雜症，從念公立或私立學校、到民營或國營事業上班，到退休還有投資，本書正是你的必備良藥。」

——安卓・帕洛（André Perold），
高景策略（HighVista Strategies）投資長、
前哈佛商學院喬治・岡德（George Gund）金融銀行講座教授

「站在什麼舞台或階段都一樣，要學會運用企業和公司理財觀念，將個人財務極大化，善用機會，創造財富。」

——勞拉·亞當斯（Laura Adams），
知名理財部落格 Money Girl

「如果理財方面有點程度，想更上一層樓，知道管理全家財富的思考方式，本書提供大方向和所需的工具，讓你成功管理財富。」

——美國定量動能 ETF Alpha Architect

「時常讓公司和股東放在心上的，就是財報最後一行的數字，讓董事會和利害關係人想忘都忘不了。相反地，大多數家庭不像企業那樣看待自身的財務狀況、資產或決定。作者麥考米克是私募股權投資公司 HCI Equity Partners 的常務合夥人，對這種情況感到不可思議，更重要地，他在本書說明要是這麼做，會讓你的處境變得多好。」

——沃頓知識在線（Knowledge@Wharton）網路期刊

「我看書這麼久以來，本書是最棒的全家人與個人理財讀物。麥考米克的獨門勞力和資產累積心法，令這本書從頭到尾，都是令人愉快又警惕的閱讀體驗，他拿自家人當例子，令人讀了心有戚戚焉。」

——詹姆士・申克（James Schenck），
五角大廈聯邦信合社執行長

「本書不是一本告訴讀者『如何著手』的書，而是教導讀者『如何思考』，進而有能力替全家人的財務掌舵。麥考米克提出縝密但不難領會的理財原理和觀念，並且教讀者如何自訂及運用到個人，以達成財務和人生目標。在找一本能一讀再讀、當作長期理財參考書的好讀物嗎？那就是本書了。」

——麥克・梅瑟（Mike Meese），
退役後備准將、美國軍隊互助協會營運長

「任務達成！本書不僅讀起來輕鬆愉快，且專為個人與家庭理財提供的檢查架構和流程又有條理。麥考米克運用成功企業在用的學問，說明關鍵的人生與理財目標觀念，讓你個人和全家人，有信心看見一條朝財務獨立邁進的路線。」

——赫曼・布爾（Herman Bulls），美國仲量聯行副總裁、
聯合服務汽車協會董事、西點軍校前經濟學助理教授

「理財規畫在不確定的世界裡，不是件容易的事；服役與退役軍人因為職業的特殊性，難度更高。不過本書提供了工具，讓你有效評估及發展個人財務上的『自我價值』，進而改進個人的財務安全。這本書是你一定要學會的生涯技能。」

——卡勒・道森（Cutler Dawson），海軍聯邦信合社執行長

推薦序

你有扮演好人生中財務長的角色嗎？

—— 楊斯棓，醫師、台灣菲斯特顧問

　　有一天，我的財報老師林明樟在臉書上提出了一個問題：
「如果你的人生是一項產品，你是個稱職的產品規畫師嗎？」

　　這個問題，跟本書書名《做自己的人生財務長》分別給人
不同面向的提醒。

　　如果我們把《做自己的人生財務長》挪動、添加幾個字，
變成「你有扮演好你人生中財務長的角色嗎？」恐怕很多平常
擅長叨唸人的長輩會嚇一大跳，嘴角抽動地反問你：「為什麼
我要當自己的財務長？」、「這不是政府該做的嗎？」、「不是
有國民年金嗎？」

　　《做自己的人生財務長》這本書讓我把自己的主動收入、
被動收入、遺產分配、捐贈他人等項目，有系統地檢視了一
次。本書其實是一份載浮載沉的人生財務尋寶圖，指引我們方
向，也告訴我們每個階段應該如何配速。

　　大道至簡，這本書說：「人生中有兩件事最好只做一次，

那就是結婚與退休。」

我們若太早退休，又沒有被動收入長期穩定支應生活，一旦沒錢沒糧，恐怕又得重回職場，無法退休，是人生一大悲劇。

《富比士》（Forbes）專欄作家肯恩・費雪（Ken Fisher）有本名著《十條路，賺很大》（The Ten Roads to Riches），談了十條致富之路，其中一條是「嫁娶有錢人」（Marry into serious money）。反過來說，婚姻若沒審慎面對，會嚴重消耗我們的工作果實。婚姻起點的婚紗，讓多少人虛擲幾個月薪水只為了當一日王子公主？若提早劃下句點，每個月的贍養費，將讓我們中老年的生活品質七折八扣。

我這麼持論，並不是反對婚姻，而是透過婚姻，我們要學著不自私，學著愛人，學著讓自己值得被愛，更重要的是：「不要成為下流老人」。

「下流老人」一詞幾年前開始風行日本，指的是收入少、存款少、可依賴的人少。如果說日本人是高鐵第一節車廂的乘客，台灣人就好比在第五節車廂上，日本人看到的風景，沒多久就會映入台灣人眼簾，我們戒慎恐懼的觀察日本人，屆時自己比較不會那麼手足無措。

如果你跟我年紀相仿，我們的祖父輩就某方面來說真可算上幸運的一代，由於銀行存款利率高，所以財務智商很低也可以安度晚年，他們可能如書中所說：「一輩子只替一兩家公司工作」、「全家的財富主要是他積蓄的薪資和退休給付」，退休

時，一口一口吃存糧，不慌不忙。

我們父親輩面臨的挑戰就嚴峻些，如果是軍公教背景，本想坐等退休金當生活費，也難擋整個社會輿論檢討所得替代率聲浪。

我們這一代是最好的年代，也是最壞的年代。

網路是我們的原子彈，我們多了很多機會可以施展拳腳，網站架上，窗口打開，你可以賣家裡外公種的柳丁，自己灌的香腸，也可以賣自己提供的水電服務。

更何況這個年代資金取得比以前容易的多，但花花世界的繁多機會裡，又有多少禍心包藏。

主動收入很高也很會儲蓄的長輩們，當他們該享清福的時候，往往被有心人在財務上設局劫殺 (請搜尋：理專盜領、連動債慘賠兩億老本幾蝕光，他們其實應該在累加主動收入時，同時逐步配置被動收入，如果從未累積被動收入相關知識，以為一切「等退休再說就好」，很容易一次栽跟頭。

大清帝國名將林則徐祠堂前有一幅對聯：「子孫若如我，留錢做什麼，賢而多財則損其志，子孫不如我，留錢做什麼，愚而多財益增其過。」

林則徐的建議，若有若無，好像針對大半輩子打拚起來的資產不用特別規畫，事實上這是錯的。台灣曾有聞人死後無法下葬，因十一名繼承人對遺產分配多所爭議，遺體停放在自宅中四年多無法下葬。

　　本書最後幾個篇章好酒沉甕底，針對繼承、遺產、捐贈的提醒跟建議，保證比林則徐的三言兩語更受用。

推薦序

給所有人的職涯地圖和投資指南

—— 安東尼·諾多（Anthony Noto），Twitter 財務長

　　二十五年來，我見證了麥考米克活用「家庭有限公司」的道理和指導。我們在就讀西點軍校時成為好朋友，共同經歷「軍校體驗」：嚴格的管教、軍事訓練和大學運動員生活。麥考米克是高竿的摔角選手和隊長，我則在美式足球場上競逐。當時他就已經是一名領導者、厲害的競爭者，同時也是很有頭腦、天資聰穎且富創意的人，獨立思考尤其出眾。這些特質促使麥考米克在人生各階段都能大放異彩，如名列前茅的軍校生和部隊上尉、出色的陸軍軍官、優秀的哈佛商學院學生、事業有成的銀行家、投資人和 HCI Equity Partners 的共同創辦人。

　　麥考米克的廣泛經歷，讓他在個人理財領域具備獨特的觀點。麥考米克曾經是一個失業丈夫和父親，促使他到哈佛商學院念書，這些經歷讓他領悟到，從零開始獲得財富是怎樣的挑戰。哈佛讓他接觸到最好的理財教師和思想家；在摩根史坦利服務時，他逐漸領略募資、併購以及華爾街的運作手法和思維；私募投資人和公司共同創辦人的身分，使他了解企業、創

業精神，以及美國企業人士用來創造永續價值的工具。很少專業人士能像他這樣持續事業有成，又結合如此廣泛的資歷。道格多采多姿的人生經驗、教育成就和企業資歷，使他特別有資格向尋求財務獨立的人提出建議。

本書是給每個人的職涯地圖和投資指南，無關你處於人生的哪個階段、教育水準或職業為何，它都能提供有用的工具，幫助我審視我身為學生、軍官、高盛銀行家、美式足球聯盟與Twitter財務長的職涯和財務發展。我不知不覺地跟隨了道格的建議，卻沒意識到其中的契合。我的體悟並非孤例，本書的道理，其實能應驗到許多與我共事過的人身上，包括退伍士兵、金融素養不錯的銀行家、年少得志的職業運動員、身家豐厚的矽谷創業人士，甚至是我那讀大學年紀的女兒。簡單一句話，本書是我們家的必讀之書。若想挑「一本」個人理財書來讀，本書就是你的首選。

一般很難想像這樣一個已做過大量研究、撰述、重複研究的領域，還能再提出什麼有新意、新穎且有說服力的建議，可是麥考米克做到了。多數理財規畫的建議是來自以華爾街為中心的專業投資人、顧問、金融機構和業者的觀點，試圖用各種產品來滿足你的理財需求。麥考米克的方法則根植於洞悉企業和家庭的財務報表，除金額規模大小有別之外，兩者的有效管理原則實無二致。他借用美國企業人士的最佳範例，加以修改以契合個人財務狀況。這樣的方法能讓我們做出更好的決策，

進而獲得更好的成果，風險也較低，而且我敢說，還有你只會購買少量的金融商品。

　　閱讀這本書，你會一頭栽進麥考米克稱為「家庭有限公司」的新穎理財架構當中。書中觀點總結如下：

- 對多數人來說，最重要的資產是自己的勞動力。本書建議，這項資產最有效率的獲利方式，是透過投資和職涯選擇。上次你和理財顧問提到你的勞動力資本，是什麼時候？
- 任何準確衡量財富和資產配置的指標，必須納入預期勞動力和社會安全給付的價值，這是一項顛覆性的觀點，而且華爾街不會告訴你。
- 多數投資方案都試圖在相對短期計畫內，讓價格波動壓至最低。本書建議的投資組合，則是令長期、實質、稅後的購買力極大化，相對短期內有波動亦無妨，比起傳統的建議，能讓你看到更顯著成長的淨資產成果。
- 購屋安居並留下美好的回憶，但別拿這項買賣來證明你的投資正確。
- 勞動力和資本是商品，透過創業精神，有助於保護這些資產免於競爭。
- 掌握本書的內容，也可以讓慈善捐助的影響力極大化。
- 每個家庭都要有一個人來擔任家庭財務長，確保全家人

都能適切地管控風險，同時將每個人的勞動力和金融資本進行有效分配，達成財務獨立的目標。

本書旨在做為個人理財的遵循指南，我相信透過閱讀本書，能改善你的財務福祉。然後我不能不談一下麥考米克寫書的動機，以及這般新穎思維對當今美國公共政策的影響。我們的經濟和社會一直在變化，使金融素養的重要性遠甚以往。但能掌握這方面技能的人，與全然無知者之間的落差，則持續擴大。政黨以過於極端的方式來處理這些問題，卻不太關注於教導民眾這方面的技能和工具，讓民眾適應變遷，進而縮小差距。本書提出的通盤、無偏見、具可行性的建議，不僅會進駐正規教育體系，也會進入到家庭的日常對話當中。

不管教育水準、職業、財富級距或年紀為何，本書都能幫助到你。本書是絕佳的個人理財專書，同時也是一本個人財力指南。

靠自己理財，最可靠

　　在亞馬遜網站輸入「個人理財」為關鍵字搜尋，立刻就會跑出一長串的暢銷書單，例如：《富爸爸，窮爸爸》（*Rich Dad, Poor Dad*）、《財富大改造》（*The Total Money Makeover*）和吉姆・克瑞莫（Jim Cramer）的《打平戰局》（*Getting Back to Even*）。儘管有些不錯的讀物，多數理財規畫書籍卻令人失望。過度簡化的「按部就班」設定理財目標，或技術性著墨特定理財活動或資產類別，無助於有效的全盤理財規畫。

　　本書鋪陳的原則，是修改公司的理財觀念，用來規畫個人理財，所以是經過時間驗證的常理。寫作時，我希望有兼顧公司理財學科的嚴謹知識，和闔家討論的輕鬆口吻，有不少例子取材自我家。

　　本書的內容是啟發有潛力賺取高所得，並想多元發展、積極自訂計畫的人士，在規畫中反映工作、淨值、年齡、消費型態和長期財務目標之間的關連性。本書雖無法保證財務安全，卻能提供工具讓讀者發展一套通盤，且完全意識到決定後果的理財計畫。

　　身為專業投資人，我花費大量時間分析各種企業，評估良好公司的財務面。我參與自己公司所投資企業的所有財務層面，舉凡策略規畫、財務分析、預算編定、資本結構、籌資、收購、重整等。過去十五年來，我到這些企業任職，主動擔任董事、董事長，甚至財務長。

　　過程中我領悟到，許多成功企業運用的財務原理，跟個人理財規畫和管理的關係也非常緊密。我在書中分享這些建議和原則，讓讀者用來實現自家的福祉和保障。書中內容尤其適合當前的經濟趨勢，在不確定的時代，靠金融「專家」打理金融資財，多少令人心安，但全家人將來的機會和挑戰，只有自己最罩得住。不少人把事情交給理財專員，本書則告訴你，如何管理理財專員——這些人士要為你工作。

　　閱讀本書前最後一個提醒，書中的理財規畫原理和觀念，是假設你採取合理的行動，並具備紀律、理智和誠實。比方說，很多理財專員會建議愈快把房貸還清愈好，與此相反，考量債務稅後成本相對低廉，我建議不動產債務最後還就好（先做其他投資也沒關係），但這是假設你真的可以把多餘的現金存下來投資，而不是拿去買新款的平面電視或出國旅遊。本書原則要對你有用，必須是你有自知之明、了解全家人，並適當修改內容，符合個別的情況。

　　現在就來動手替自家擬定一份通往安全和獨立的財務地圖吧！

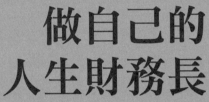

PART 1

做自己的
人生財務長

第 1 章

財務長能做什麼？我又沒開公司

　　戴夫（Dave）跟我，我們兩兄弟從小養成不同的金錢觀。戴夫遭到我爺爺取了個「月光族」的綽號，因為爺爺說他「有多少花多少」，而他之所以過得起這樣的恣意生活，因為他總是找得到工作做。對我哥來說，賺錢比較簡單，把錢留下來比較難。但兄弟總是唱反調，身為弟弟的我也做過很多工作，舉凡送報、農場零工、保母、聖誕樹剪樹工、推銷文具，諸如此類。但我的錢幾乎都會存下來，甚至在我爸的幫助下，進行一些投資，包括向我的「月光族」哥哥放起高利貸。

　　雖然這些小時候的習慣有用歸有用，但長大後的我，難免還是會做出糟糕的財務決定，挖洞給自己跳。二十幾歲時，我辭掉陸軍的軍職到哈佛商學院念書，那時我妻子蜜雪兒（Michele）剛懷第一胎。有機會念哈佛固然很爽，代價卻很高。波士頓的生活消費水準出乎預料，蜜雪兒在哈佛找的工作，薪水只夠支付托兒跟房貸。由於我有點積蓄，因此無法申請到津貼。接下來的兩年，我們夫妻倆花光積蓄，為了學費、

生活費，以及原本房子的房貸，欠下一屁股債。後來房子賣掉倒賠 50,000 美元。就像許多財務陷入困難的家庭一樣，我的信心隨著存款數字下探而跌落深淵，心中充滿了看輕自己、孤立無援的念頭。

我剛拿到 MBA 學位那陣子，財務的大洞依舊。我們向親友借錢，搬家到紐約。第一天晚上，全家打地鋪，夏夜悶熱流汗，很不好受。我躺在地板上，感到有點消沉，體會到不管多辛勤努力，我糟糕的財務決定讓全家翻不了身。我管理一家財務，仍不脫年輕單身漢的思維。過了十年，經歷更多的學習和犯錯後，我的日常決定，總算是向本書的理財之道看齊。

很多人花了很多心思切割工作和家庭，不讓家庭染上絲毫的「商場銅臭味」。這麼做的後果是限縮自己將來規畫財務的能力，連帶讓每一個家庭成員同受其害。在本章和後續章節，我會講解如何將公司理財的「商道」，應用在個人理財。

資產和負債管理、實用財務報表、管控風險、資產配置、稅務規畫等，是全世界的企業運用在公司理財、達成公司目標的幫手。誰規定這些技巧不能拿來用在個人呢？企業會請財務長來管財務，家庭同樣也需要這樣的角色來坐鎮。

雖說這麼想的人是少數，其實人人手上都有掌管著二樣獨家的「生意」：人力和資產。合起來看，儼然就像一間有模有樣的「家庭有限公司」。

1. **你有限的勞力**。人從出生到死亡，能出的勞力就這麼多，跟你是上班族、軍人或做小生意無關；總之，你就是在做一門用人工換鈔票的生意。如同煤、天然氣、黃金等天然資源，你的潛在人力有限，而且會隨著時間耗用殆盡。成家的情況，則不光要盤算自己的人力，家人的勞力也要納入考慮。勞力這門生意的財務目標，是盡可能有效地轉換成金融資產。做什麼工作都一樣，勞力就是出賣自己的技能與精力。

2. **你手上的資產**。第二門生意是管理你用勞力換得或得自繼承等資產，比方說，你的房子、存款、退休金帳戶等。你在資產管理有雙重的目標：管理得當並讓它增長；同時使資產產生現金流，足以支應消費和投資。消費涵蓋食衣住行育樂，投資則包括日後的人力投資，如念研究所，提升賺錢的能力。

這兩門生意既可互補，也能獨立來看；反之，管理的方式務必相輔相成。掌管這兩門生意的財務長，其目標可以簡化為三點：

1. 產生的現金流，足以支應現在和未來的消費，同時有餘力投資自己，讓人力和資產得以「產業升級」。

2. 將自己這間「家庭有限公司」的淨值最大化，此處淨值

的意思是人力與金融資產稅後價值的加總。

3. 管理好要留給家人的遺產（包括家人的資產管理能力），要遺贈給其他團體的情況亦然。這個目標固然有價值，優先次序毫無疑問要排在最後。如果 1 和 2 做不好，更不用提到 3 了。

　　用簡單的例子來解釋這些「業務」之間怎麼互相影響。為了言簡意賅，接下來會以一個年輕人的財務現況和他要管理的所有資產為例，包括以不算離譜的假設 ＊ 為基礎，估算這位仁兄將來工作的薪資、投資報酬和退休給付的估計金額。本書將會沿用類似的方式，以大家熟悉的情境來宣導重要的觀念。familyinc.com 網站上有提供工具，你可將書中的例子個人化，依照本身或自家的情況使用。

　　依照假設畫出圖 1.1，就是預測一名 25 歲的年輕人開設

＊ 假設一名 25 歲的年輕人，手上沒有金融資產或負債，年薪是 44,500 美元（2013 年大學畢業生的平均工資）。假設他將工作 42 年，隨能力提升，年薪實質（通膨調整後）成長率是 2%，直到 67 歲退休。每年提繳的稅金、退休年金和其他的法定扣除約占總年薪 30%；每年提撥稅後薪資的 10% 儲蓄和投資，估計其投資在稅後與通膨後的年報酬率為 5%。當下的退休資格規定的假設給付，用的是 2014 年單一收入者的平均給付標準。他計畫退休後，以調整通膨後的定額開銷，在 90 歲時花光所有積蓄，相當於一筆 23 年期的年金。

「家庭有限公司」，終其一生淨值的全觀圖，包含將來人工和資產賺得的資產，扣掉所有開銷後，折算成 2016 年幣值的現值。比方說，圖 1.1 顯示，這人在 25 歲的**預期終身勞力價值**（工作的薪酬，淺灰部分）約有 200 萬美元（附錄有預期終身勞動價值的算法）。如圖示，到了 40 歲，他將獲得約 50 萬美元的價值，其剩餘的勞動價值減少為 150 萬美元。不過用掉這筆 50 萬美元的價值，也讓他累積逾 7.5 萬美元的儲蓄，還有其他金融資產（中灰部分）。在 40 歲時，他支付的社會安全福利金（退休金），為他帶來約 9.5 萬美元的預期未來退休金給付（深灰部

圖 1.1　三部分組成家庭有限公司的淨值與演變

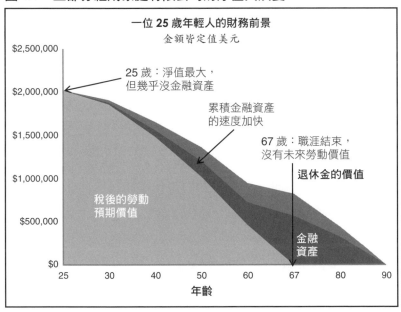

分）。到了 67 歲，他退休時將沒有剩餘的收益；40 歲以後的
150 萬美元潛在收益，將在後來的 27 年間用盡；但他的金融資
產也增加到 57 萬美元，而預期社會安全福利金給付超過 25 萬
美元。67 歲時的他，得要用這些資產來支應餘生的開銷。

如圖 1.1 所示，家庭有限公司的淨值概括了三大部分：稅
後的勞力所得在今天的預期價值；稅後的社會安全給付在今天
的價值；淨金融資產（金融資產減金融負債）。總之，這家庭
在工作時期，用勞力換得金錢和未來社會安全福利金，就有資
產能支應退休後的開銷。

這張圖太過簡化，從現實的角度來看估算的假設，也一定
不太對，畢竟環境隨時在變。但在概念與見解，還有呈現的規
畫工具方面，這張圖的效果算是很好。一來若不繼續進修，這
位 25 歲的年輕人，對自己未來的財務展望大概就有些概念。不
過若他有打算申請法學院，可能就要重新假設以反映一旦他成
為律師的影響，並與原圖進行比較。圖 1.1 凸顯的幾個概念，
將陸續在本書講解。

家庭有限公司的淨值是對淨值的定義（所有金融資產減去
負債）做進一步延伸，將預期的終身稅後所得與退休給付，當
作是一項資產，這凸顯幾個重要的原則：

• 大多數人最大宗的名下資產是工作的未來收益，所以
當淨值站上最高點時，其金融資產最少。這彰顯了做白

工、失業或「超時」就學的**機會成本**（另謀所得而放棄的價值）。換言之，這位年輕人就讀法學院的算盤要打得好，最好是新工作的薪資足以補償教育的開銷和讀書這段時間少賺的收益。

• 家庭有限公司步入後期，事業有成得靠漸增的收益和金融資產的複利。圖 1.1 顯示，這位仁兄大約花了 25 年，才攢到 18 萬美元的金融資產，接著 17 年內，這項資產**翻**了不只 3 倍，來到 57 萬美元。為了讓這項金融資產實現潛在增長，必須趁早儲蓄，踏上複利的過程。人到中年才想到要儲蓄，將置自己的財務安全於劣勢。

• 說到財務安全，理財能力是關鍵卻經常被忽視的先決條件。圖 1.1 顯示，儲蓄和資本增值約占終身消費總資產（含勞力和退休給付）的 20%，但多數人可說吝於花時間經營「公司」這塊業務。你有認識哪個人會把 20% 做正事的時間，花在私人資產管理活動上嗎？

按照家庭有限公司的淨值架構，退休這塊充其量是強制購買政府保證的通膨指數化年金，不過是金融資產的一部分。*這項資產本身不會帶給你財務安全，而可能會因為將來的政策

---

* 年金在一段期間內支付一連串的固定金額；通膨指數化年金隨時調整金額，以反映通貨膨脹及維持購買力。

改變，反而減少了這方面的給付。無論如何，對多數人而言，退休給付是一項重點資產，而且是理財規畫的要項。

　　人的勞力資產毫無疑問是有限的，畢竟人生自古誰無死？反之，資本資產（投資）則有無限的增長空間，若管理得當，年年賺取的利得和收益可望超出消費所需，擁有如此回報的永續年金，實現財務安全便算是功德圓滿，生活再也無入不敷出之虞。

財務安全難以避免的十大變數

　　家庭有限公司的淨值架構，專為單身或有家累的人士，指出十個財務安全難以避免受到影響的變數，包括：

1. 工作的薪資率：薪水和獎金。
2. 工作的持續期間：你能做到何年何月？
3. 儲蓄率：從稅後所得存下多少？
4. 消費情況：有哪些開銷？
5. 再投資率：理財的稅後報酬預期有多少？
6. 預期壽命。
7. 家族遺產。
8. 所得、資本利得和財產的稅率。
9. 退休資格和政策。

10. 通膨率。

　　本書後續會探討所有前述變數的可能影響。要注意的，前
七個變數操之在你；換言之，當你握有更多有利的資訊，即可
隨時調整，以利達成財務目標。但後三個變數，並非操之在
你，不過仍會影響全「公司」的老闆，所以必須在理財規畫一
併考量。

　　圖 1.1 家庭有限公司淨值預測的假設，同樣也可運用在家
庭有限公司的現金流量預估，表示在繳稅、儲蓄、還債後，可
支應生活開銷的現金。

　　圖 1.2 預估這位 25 歲年輕人將來消費的可用金額（經通
膨調整）。早年，他的消費資金來自他最大的本錢——勞力。

圖 1.2　家庭有限公司每年的現金流量預估

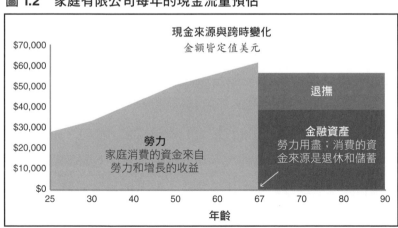

當年歲日增，做不動了，他的消費資金來源改為金融資產。圖
1.2 也凸顯為了滿足家庭的需求，在「家庭企管」會面臨的若
干挑戰。這圖有用之處，是表明了理論上可採行的支出模式，
並兼顧無負債、儲蓄 10% 稅後的收入。實際上，沒有人的現
金流量會剛好長成這樣。例如：這張家庭支出圖，往往不符合
年輕家庭的財務需求，包括我家。28 歲時，我離職回學校攻讀
MBA；那兩年，扣完稅後，妻兒和我一年多支出了 5 萬美元。
我們家入不敷出，花光有限的積蓄，於是奔走告貸。後來為了
存錢填補赤字，我們家縮衣節食好幾年。

　　儘管金融資產大減，但本書的原則指出，我們的家庭有限
公司淨值，幾乎是打從第一天開始就朝著正面發展。在我讀研
究所的兩年期間，我們家的金融資產跌到約負 10 萬美元，因
為我大手筆投資勞力，花光資產，還倒欠 10 萬美元的學貸。
不過多虧此時的學歷、能力和人脈帶來價值，我的勞力預期價
值大幅增長，把金融資產補回且還有剩。簡言之，28 到 30 歲
這兩年，我們的家庭有限公司淨值結算下來是漲的，雖然金融
資產減少，但勞力資產增幅超過損失。

　　家庭生命週期的初期，因為養兒育女，還有添購住家、教
育、家具、汽車等，通常有較大的消費需求。此時，家庭財務
長可能會選擇舉債，融通大手筆的投資，例如：買房或適時改
變儲蓄率。短期雖然手頭比較寬裕，但這是為了未來而消費，
也為全家人長期財務安全增加變數，務必謹慎。

現實的世界會為理論上的家庭有限公司現金流量預估增添其他難題。投資的利息、股利、資本利得能夠應付的支出，其金額對家庭成員的壽命和投資天期的長短等假設很敏感，但這兩個假設本身卻是不可預測，常常發生突發變故。最後，這張圖假設退休和退休金都從 67 歲開始，並且會全額收到退休給付。但兩者都具有不確定性。

考量到不確定性，理財計畫必須要針對財務困境或短絀，加上合理的緩衝。「生不帶來，死不帶去」，固然很有道理，而「福無雙至，禍不單行」同樣有道理。不幸很容易令全家陷入糧盡援絕的深淵。

許多人認為既然不可能準確預測自己的財務前途，計畫有什麼用？我這行有個玩笑話說，理財計畫有兩種：好運和糟糕的。我預期每一份理財計畫都會出錯。計畫的可貴之處在於明定假設的紀律和假設生變的示警。健全的理財計畫必須善用新增的資訊，動態與時演進，並頻繁接受檢視。幸好，家庭有限公司淨值的幾個主要因子，像退休年齡、儲蓄率和消費水準等，能視需要予以更改，以應付估計失準或自身情況改變。何時退休、花多少、存多少，多少操之在你。

人生財務長的具體工作有哪些？

你已經有了基本的觀念，就是每一戶實際上都要管理二項

業務，而且需要由你主動管理，現在還不知道的是家庭財務長
到底有哪些具體的職責。下列項目雖非滴水不漏，不過可以讓
你對職責，還有本書接下來的主題有個底：

- **現金管理** —— 確保全家資金充分無虞，足以應付短期現金需求，例如：每月開銷、帳單、貸款和意外事件。
- **資產負債表管理** —— 管理全家的資產和負債組成，在流動性、可容忍的風險和增值等互競的需求中求取平衡。
- **損益表管理** —— 管理全家的現金收入，如：薪資；現金支出，如：每月開銷。這包含編家庭預算，並按預算監控實際結果。
- **家庭勞動決策與發展** —— 管理與投資勞動的技能，確保能銜接最佳的就業機會。
- **風險管理** —— 透過有效的自我和第三方保險控管風險。
- **資產配置與投資決策** —— 為你的家庭事業需求，並視你願意接受的風險，量身打造資產配置和投資計畫。
- **管理創業投資** —— 提供家族事業資金，充實你的人力和財務資源。
- **顧問管理** —— 管理支援你的理財規畫需求的理財顧問、律師、不動產規畫師等各界專業人士。
- **稅務與不動產規畫** —— 制定、管理稅務和不動產計畫，盡量壓低負債。

- **教育**——教導家人擔任家庭財務長的經驗談。
- **接班人規畫**——建立可供繼承人成長，並接任家庭財務長一職的環境，令家族生生不息。

家庭財務長肩負前述諸多責任，對於保全全家財務福祉至為關鍵。

面對大環境與趨勢，得具備的能力與知識

美國還有世界各國的長期趨勢，令每一戶家庭得要有成員具備能力和知識，以便充分管理家庭事業利害和財務事務的需求大幅提升，簡言之，就是要有人擔任家庭財務長。而促成此一發展的趨勢如下：

人命愈來愈長

1960 年，美國男性從退休到死亡的平均間隔約 4 年（66歲退休、70 歲身故）。現在這間隔拉長到約 16 年，整整多了300%，以致許多工作者在退休後，必須仰賴積存的金融資產很長一段時間。

人更常換工作

經濟日益全球化，並伴隨的競爭，導致商業環境巨變，員

工和公司雙方都面臨到變化更快速，且不確定更高的環境。如
今有專業能力的年輕人，終其職涯可能要換超過十個工作。如
此的就業流動性，不管是自願或被迫，都顯著降低個人與單一
雇主建立長期關係的可能性。家長式雇主與終身僱用制的年代
不在。

加入工會、集體勞資協商的民眾減少

　　三十五年來，美國人加入工會或參加集體勞資協商的比
例，幾乎腰斬。差不多同一期間，民間和政府確定給付制退休
金計畫（每年承諾支付退休者固定金額的傳統年金制）的數目
也差不多減半——民間減少三分之二。取而代之者，由個人負
責投資決定的401(k)退休福利計畫*和其他確定提撥制計畫，
數目則增為4倍。這些趨勢部分是緣於美國企業試圖維持全球
競爭力之故，卻是將雇主的風險轉嫁給個人。

保健醫療與教育的成本水漲船高

　　順利就學和就醫是管好家庭有限公司的條件，可惜這方面
的成本不容個人置喙，而且以令人擔憂的速率持續攀升。美國
的長期通膨，每年約3.4%，保健醫療和教育的成本則是該數字

---

* 401(k)是美國最普遍的退休計畫，如果是在私營公司工作，公司都會提供此
　計畫。

的 2 ～ 3 倍。

政府津貼方案的資金來源無著

　　人口變化以致收受人數增加，加快 Medicare、Medicaid 和
社會安全計畫等安全網的成本增長速度，造成整體的聯邦和州
政府赤字。顯然，這種趨勢是難以持續的，所以很可能會改革
這些計畫，家庭必須嚴陣以待。

金融環境日益複雜

　　半世紀以來的去管制，加上產品創新和氾濫，令信用、投
資、保險等方面的理財選擇複雜度倍增，使得金融知識和獨立
性的需求提高。例如：

- **消費者信貸**。1958 年，美國運通核發第一張塑膠簽帳
  卡。如今美國的消費者持有 6.1 億張左右的信用卡，換
  算下來，持卡人平均持有近 3.5 張信用卡。
- **投資選擇**。1936 年的美國證交法案、1940 年的投資公司
  法案，有助普及金融市場，令零售投資市場蓬勃發展。
  1970 年，市面上約有 360 支共同基金，管理 480 億美元
  的資產；根據美國投資公司協會，美國目前約有 7,600
  支共同基金，資產達 12 兆美元。
- **保險商品**。透過保險來分攤或共有風險的觀念，歷史非

常悠久。這項產品經歷大幅創新和成長，2012 年的全球
保費來到 4.6 兆美元，其中人口不到全球 5% 的美國，
保費約占全球 25%。現在的消費者有超過 150 種各類保
險可供選擇。

　　這些趨勢令情況有了本質上的改變。你的祖父一輩子可能
只替一或兩家公司工作，那時全家的財富主要是他積蓄的薪資
和退休給付。這一代人的前途則大為改觀。勞資雙方的社會契
約，將會持續朝向有利於公司保有全球競爭力的方向演變：兼
併、裁員、淘汰績效不佳的員工，並以科技取代人力。同時勞
方將受惠於自由化提升，有利於伺機謀求最佳的個人發展、生
涯進展和薪酬。受僱已變為一項自由行動的行業。
　　這樣的發展固然不為部分人們所喜，卻是全球商場的實
況。對擁戴這項改變，並有系統地發展有用、禁得起考驗的專
業能力──對有本事勝任家庭財務長和管理家庭有限公司的人
來說，這些趨勢不僅開創了更佳的理財成功和財務安全的機
會。運用本書的觀念，將會讓你在現實世界的挑戰和選擇中，
具備有效發展、管理家庭財務福祉的能力和基礎知識。

做自己人生的財務長

你是老闆。我們每一個人都要管理二項業務：暫時的勞力與資產管理。以這種方式看待，可以讓家庭的財務長，將諸多企業日常管理工具，用在重要的家庭決策場合，例如：職涯選擇、退休和教育。

多數理財計畫和理財規畫師忽視你身上最大的本錢，特別是勞力。在家庭有限公司淨值納入這些本錢，會令結論大幅改觀。

身為家庭的財務長，要做的工作可不是只有打平收支。你的重責大任包括：協助職涯、教育決策、編預算、計畫投資、控管風險、規畫退休。

面對大環境的改變，這些能力的必要性日益明顯。

PART 2

把人生最大的資產
「勞動力」極大化

　　我會總結出家庭的未來勞動，這是多數家庭的主要資產，所以家庭財務長的一項重要職責，就是確保這項資產的價值極大化。人們的職涯選擇（即勞力配置決策）往往會根據多種不同因素，比方說價值觀、工作滿意度、報酬或生活品質。本部的內容僅會從中擇一，也就是以終身報酬為準，但這麼做的用意，不是說你在選擇職涯時，只根據這項條件就好，而是要將本身的優先順序，鋪呈在本部的討論之上。

第 2 章

教育讓勞動價值翻漲

　　可能跟身為教育人士有關，我爸對我跟我哥的學業有非比尋常的期待。從小他就灌輸我們，每個階段的學業成就，都是為了將來的前途打下基礎。國中的成績是為高中打拼，高中是為了上大學，上大學是為了過好日子，諸如此類。五年級時，他真的讓我信了，因為美國大學入學會參考國小的課業成績。

　　我爸不像我受過正規的理財教育，可是當想起他灌輸我們兄弟教育的重要性，還有他為自己做的教育選擇，我很清楚他明白創造財富最穩當的途徑，是藉由教育，投資自己發展有價值的技能。

　　我爸用兩年半的時間完成大學學業，他 19 歲就當實習教師；教了幾年書，期間取得碩士學位，25 歲拿到校長資格；主管當了幾年，他回學校完成博士學位，後來躋身學院院長之位。他在任職期間持續進修技能，上了哈佛的高層管理教育學程，趁休假學年進修，並花時間參加專業機構，和同行打交道經營人脈。講真的，我爸當老師不是要賺大錢，也沒人可以，

不過他的進修選擇，的確讓他將職涯潛能發揮到極致，如此一來，通常也會讓走這行的財務潛能發揮到極致。

我爸的教育選擇，有幾個重點可以套用在各行各業：

- **趁早進修，放長線釣大魚**。我爸 19 歲就開始回收投資教育的好處，算算看他享受了幾年回報。
- **教育輔以相關工作經驗，價值最大**。我爸在職涯早期，三度進出職場，每次都身懷新的技能和經驗。知識的影響力要發揮到極致，必須要和真實世界的脈絡和經驗相輔相成。
- **大學不是教育的終點**。即使大學畢業多年，我爸仍持續進修。如同機器或車子用久了，會變舊需要升級或更新，當初在學校學到的技能也是如此。
- **教育和職涯投資應兼顧正規與非正規**。投資專業能力，不見得要坐在教室乖乖聽課。產業協會、交際活動，甚至找本書來讀（像此時此刻），都算是投資自己，到頭來會回饋在家庭有限公司。

多受教育，是一筆很值得的投資

美國人通常認為學歷愈高，待遇愈好，高薪職業機會愈多，這種認知大致屬實。表 2.1 確認人學歷愈高，就業條件愈

佳的觀念：當學歷增高，所得中位數隨之上升，反之失業則減少。*教育和報酬兩者的相關性，合乎多數人的直覺，但若不考慮終身工作的影響，往往會低估這份經濟效益的大小。用家庭有限公司淨值的角度來想，表 2.1 的數據顯示，在多數情況下，多受教育是一筆很值得的投資。

　　表 2.1 顯示多進修一個學位年所得和終身所得的增幅（預期稅後勞動所得），是根據以下的假設而來：各學位預期的**終身勞動價值**，等於稅後薪資中位數（各學位調整失業期間中位數後的**推定年所得**）的現值，乘上迄 67 歲的工作年數；拿到各種學位後開始工作的年紀，介於 18 ～ 26 歲，視取得的學位而定，將持續工作到 67 歲為止；假設各學位的租稅和社會安全捐等扣繳額，介於 10% ～ 30% 之間。學位的成本取代表值，其實成本的變異不小。

　　表 2.1 第二欄顯示每多拿一個學位，對薪資中位數的提升有多大，可想而知，終身所得的影響更可觀，畢竟薪資會隨年資提高。第三欄顯示各學位的終身勞動總值的**現值**（現值是本書常用到的概念，表示未來的金額經折現後，所代表的當期價值，如同今天就拿到手。因為能生利息，而且通膨會侵蝕未來購買力，今天的一塊錢比明天的一塊錢值錢）。第四欄估計學

---

*博士學位例外，至少看所得回報是如此。博士的所得中位數，約等同或稍低於專業學位者，原因可能是許多博士選擇在更低薪的學術界發展。

費和其他額外成本。最後第五欄顯示，比起連高中文憑都沒有
的人，其終身可能賺到的收入 982,987 美元，每個學位帶來的
終身價值增量。

表 2.1　教育的回報

學位	推定年所得	終身勞動價值	預期教育成本	對比無文憑者的累加利得
博士	$82,539	$2,426,655	$120,000	$1,323,668
專業	$87,078	$2,621,049	$100,000	$1,538,062
碩士	$66,758	$2,129,591	$75,000	$1,071,603
學士	$55,311	$1,971,850	$50,000	$938,863
副學士	$38,222	$1,526,976	$40,000	$503,989
大學同等學力	$35,158	$1,518,814	$25,000	$510,826
高中	$31,313	$1,409,090	$0	$426,102
高中以下	$21,844	$982,987	$0	$0

資料來源：推定年所得，美國勞工統計局（bls.gov），2013 年。

　　假設你賺到中位數的報酬，投資 10 萬美元念高等教育，
拿到法律或 MBA 的專業學位，能帶來現值逾 150 萬美元的終
身稅後勞動價值，也就是 15.4 倍的投資回報，每年實質內部報
酬率（IRR：投資的有效收益率或利率）約是 12%。即使未考
量期待的投資報酬，一年賺 12% 依舊是很亮眼的回報。再者，
目前的分析很可能低估了這筆投資的回報，因為未納入其他報
酬形式，例如：配股或認股權，這類報酬傾向由教育程度高的
員工獲得，而且通常占總所得不小的比例。目前的分析也沒考

慮社會安全給付的基準是所得水準，高所得人士也會收到比較
多的社會安全福利金給付。

　　在美國，與教育水準有關的所得不均，很可能會延續下
去，並逐漸增大，主要原因有二。首先，美國持續朝服務型經
濟演變，知識能力的回報甚於人工。需要教育的工作需求，很
可能比不需要教育的工作成長得更快；其次，由於美國偏高的
勞力成本，選擇維持本地製造能力的企業，很可能會透過技術
和自動化增加效率，因而減少對低教育水準工作的需求。

教育增長預期報酬和所得年限

　　前述的討論，說明教育大幅提高人的預期勞動價值，教育
的重要性還有增加預期的勞動數量。表 2.1 的分析，是假定所
有學位的人一律在 67 歲用光勞動潛能，且有福氣工作到 67 歲
就能退休，但其實做工的人，可能很難持續工作到 67 歲，反
之不少高學歷的人，年過 70（若財務上不允許退休的話）仍然
可以保持生產力。假設圖 1.1 的年輕人拿到了專業學位，並決
定工作到 70 歲，預期稅後勞動價值在 67 到 70 歲這段期間會
增加 219,000 美元，略多於 10% 的稅後勞動潛能總值。加入勞
動的能力提升，這人所做的 100,000 美元教育投資，回報來到
了 18 倍。

　　這項教育的投資，令個人財務安全大幅改觀，除了增長預

圖 2.1　家庭有限公司淨值 ── 67 歲退休

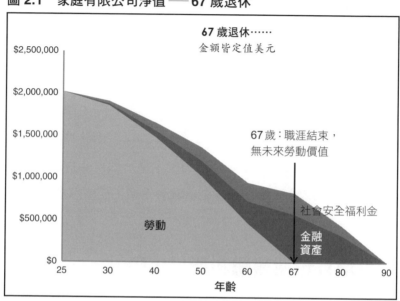

期報酬和所得年限，還讓退休到死亡的期間少了 3 年，形同多出 3 年的投資成長期間。圖 2.1 和 2.2 是比較工作到 67 歲且於 23 年間支用積蓄，與工作到 70 歲且於 20 年間支用積蓄的財務情況。

　　增加三年所得使家庭有限公司淨值增加約 220,000 美元，相當於 70 到 90 歲這段期間，一年消費約增加 15,500 美元，增幅將近 30%。

圖 2.2　家庭有限公司淨值 —— 70 歲退休

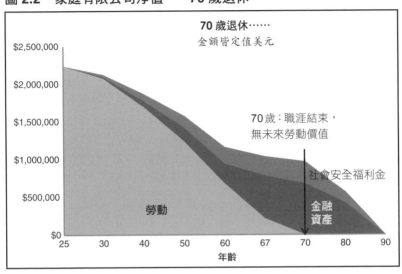

70 歲退休……
金額皆定值美元

70 歲：職涯結束，
無未來勞動價值

社會安全福利金

金融
資產

勞動

年齡

挑個能帶來最大投資價值的學位

　　目前的分析多少有些籠統，畢竟假定接受大學教育能夠學以致用。其實光大學生不可一概而論，視技能、課業、就業等呈現極大的差異。表 2.2 列出一般出社會後待遇最好和最差的大學主修，依 15 年經驗的所得中位數高低排列一百二十九個主修系所。結論頗為明確：計量和其他商場上常應用到的技能，獲得的報酬大幅高於人文著墨的「軟」技能。大學畢業生來到職涯中期，平均薪資前十高的學位，比均薪最低的十個學位，每年多賺約 65,000 美元或 137%。所以你在投資教育時，可以想想要不要挑個帶來最大投資價值的學位。

表 2.2　主修有關係

排名	大學學位	起薪中位數	職涯中期薪資中位數
1	石油工程	$103,000	$160,000
2	精算數學	$58,700	$120,000
3	核子工程	$67,600	$117,000
4	化學工程	$68,200	$115,000
5	航太工程	$62,800	$109,000
6	電機工程	$64,300	$106,000
6	資訊工程	$59,800	$106,000
8	電腦科學	$53,100	$102,000
9	物理	$53,100	$101,000
10	機械工程	$60,900	$99,700
11~119			
120	廚藝	$34,800	$51,100
121	運動科學	$32,600	$51,000
122	園藝	$35,200	$50,900
123	聖經研究	$35,400	$50,800
124	特殊教育	$33,800	$49,600
125	人類發展	$35,900	$48,000
126	運動訓練	$34,800	$46,900
127	社會工作	$33,000	$46,600
128	初等教育	$32,200	$45,300
129	兒童與家庭研究	$30,300	$37,200

資料來源：2013 ～ 2014 年，薪級表大學薪資報告，2014 年 3 月 15 日
（www.payscale.com）。

教育可能是筆好投資，但錢從哪裡來？

　　常聽到人們說，雖然想接受高等教育，但負擔不起，或不

知道錢從哪裡來。從前面的分析可知，教育這筆投資不做顯然才是虧大了，幸好高教機構和政府單位有提供許多低利且還款期間長的助學貸款選擇。

即使你手上有錢，可支付就學的學雜費，我仍建議你辦助學貸款，將剩餘的資金用在日後帶來高報酬的投資項目。這項貸款建議會在 Part 3 探討，現在先知道因為公家補貼的關係，助學貸款的成本相對低廉這點就好。這類貸款的還款期限久（長達 25 年），且利息支出通常可算在扣除額，諸如這些好處，使助學貸款比多數融資方式更為優惠。

介紹完投資教育之財務影響，現在來重新檢視我爸的例子，對實務跟理論進行比較。我爸從 1961 年開始教書，當初年薪約 2,000 美元（相當於現在 16,000 美元左右）；接下來的 10 年間，他有 2 年在讀書，稅後所得跟學費的成本約 6,000 美元，不過這筆教育投資讓他工作上更上層樓，後來他在高峰期的年薪超過 350,000 美元，相較之下，高中老師年薪最高僅約 90,000 美元。再者，進修使我爸的退休選擇更有彈性，中學教師的平均退休年齡約 59 歲，我爸在這年紀，剛接掌明尼蘇達州高等教育主管的新職，並在這職位服務逾 10 年。

我爸 79 歲，還很活躍，他現在運用數十年來在教育界打滾的資歷，替大學院校招聘高層。我爸的教育投資，不只每年為他賺進更多的薪資，也讓他擁有技能，得以大幅延長具備生產力的職涯。我估計我爸的教育投資選擇（加上良好的工作績

效），讓他賺進的稅後所得，比當高中老師不只高出 400 萬美
元，比起當初少賺的 6,000 美元，這是筆非常出色的投資，而
且目前我老爸還很有幹勁。

檢驗學歷是否學以致用

　　計算教育的報酬時，假設學生既渴望，也具備出人頭地的
才智和性格。回想本書一開始的提醒：一個人必須能夠誠實評
估本身的能力和興趣。教育固然是一項有價值的資產，前提是
學生本身的興趣和性向在畢業後能學以致用。財務上最糟糕的
結局，是一個人做了投資，放棄進修期間的薪資，後來又不學
以致用。如果不打算找用得到高等教育的工作，務必要在投資
之前體認到這一點。

做自己的人生財務長

　　性向、技能、性格都適合上大學的人，投資教育是財務保障跟創造財富最穩定的途徑。

　　多數人都知道，完成高等教育意謂著更高的報酬，除此之外，還有許多好處：減少失業；更容易跳槽、挑選工作的地點和產業；延長工作年限的選擇等。

　　延長職涯的能力，作用像是保險，讓你在屆齡卻尚未達成財務目標時，有辦法繼續賺錢。這麼做可提高賺錢能力，同時將預期仰賴金融資產維生的期間縮短，大幅提高晚年的支出能力。

　　教育的經濟效益有高有低。在思考職涯的投資時，考慮主修數學、科學和工程學，這些技能的經濟回報通常比較好。

第 3 章

將技能、人脈與未來選擇極大化

對職涯沒把握的人，通常會想知道應該要找什麼公司或工作。但若你正確認知到，自己是掌管一項有限人力事業的老闆時，就知道這種問法不對，你應該要問什麼選擇能在當前獲得最大的專業機會，同時在未來能提供最多的成長選擇。現今的職場充滿變數，你對職涯的預期如同瞎猜，別試圖根據個別的公司或職位展望，做出好的工作選擇。相反地，你應該出於極大化技能、人脈，與未來選擇的目標來做選擇，將這些因素當作你個人品牌的成分，讓你有能力從各行各業各地的競爭脫穎而出，更上一層樓，肩負更大的職責，賺取更高的報酬。

一般來說，人應該設法獲得應用範圍最廣的工作經驗。在一或多個企業職能，如財務、資訊、人資、業務或行銷部發展各種專業技能的員工，不僅有機會跳槽，職業生涯期間，也有機會多次轉換行業。人們普遍得工作長達數十年，因此怎麼選擇公司與行業，以獲取最佳機會和報酬，是一項有價值的能力。欠缺這份彈性可能要付出不少代價，想想航空公司的飛機

駕駛、執業醫生等勞動技能相對專精於特定行業的工作，幾十年來，這些職業經歷了顯著的變遷，以致報酬成長不如整體勞動市場，同時礙於技能的專門性，這些行業即使條件好的員工，也不太可能轉換行業。這種處境凸顯了習得職能性專業技能，到了前景更佳的新行業，仍能派得上用場的好處。

成為專業的通才，獲取轉換的彈性

　　本章的建議似乎與上一章學有專精，強調文憑和主修計量科系的論點矛盾，本章鼓勵當個通才，以獲取轉換組織、職位、行業的彈性。但兩者道理其實相通。專業化、偏重硬科學和計量能力的教育，是培養能應用層面廣泛的問題解決能力。為極大化終身勞動的價值，在學校要學有專精且偏重硬底子的能力，職場上則要找具備各類專業與挑戰的職位。

　　最後，思辨和計量能力好，且具備廣泛通才經驗的人，就取得了晉升管理職以及對損益負責（工作直接左右公司財報數字）的條件。由於總經理對企業財務績效有顯著的影響，因此執行長 —— 其實就是總經理 —— 拿高薪可說名副其實。最近一項 S&P 500 企業的研究指出，這些企業的總經理平均年薪達1,050 萬美元，比員工平均年薪高了不只 250 倍。好的執行長，技能可以在不同公司和行業通行，並且創造顯著的價值。

以成長型投資人的心態投資勞力

　　我用自己的資金做投資時，屬於價值型投資人，肯定會謹慎平衡虧損的風險和賺錢的可能性。我做職涯的決定時，則會以成長型投資人的心態來投資我的勞力，也就是著重高回報的機會，無視伴隨的風險隨之高漲。採取不同風險態度主要是因為勞力除了機會成本外，就沒有其他損失的風險。當一項事業沒成功，頂多就是做白工，帶著沒用的經驗和可怕的經歷，步向下一個戰場。這種思考方式能讓你用投資股票選擇權的心態 —— 獲利無窮但損失有限 —— 來看待工作的選擇。

　　股票選擇權的價值取決於幾個變數：

- **時間**。可行使選擇權的時間愈長，選擇權的價值愈高。
- **波動率**。標的證券的價格起伏有多大？由於行使是選擇權持有人的權利而非義務，因此波動率愈高，選擇價值愈高。
- **價差**。行使價格比現價高或低多少？愈是「價內」的選擇權（行使價低於標的證券的現價），價值愈高。

　　在勞動配置決策的情況，時間的變數指個人職業生涯的持續期間，波動率指就業的勞動市場與行業的盛衰可能性，價差指某個時間點的個人總報酬（納入所有形式的報酬，包括薪

水、獎金、認股權、專業發展機會等）與能力與職責的市場行
情之間的差距。用這架構來思考工作決定，會得到別出心裁的
結論。舉例來說，你認為自己的市場行情有到年薪 50,000 美
元，不過考量到「選擇權價值」或其他利多，如配股、新技能
或搶先卡位等好處，願意先屈就 40,000 美元。利多不見得非得
是貨幣性的，因為即使「薪情」較差的公司，最後也沒成為另
一家 Google，可能仍給你最佳的機會去發展新的值錢技能，有
助於打造你的個人品牌。

做自己的人生財務長

　　眼前的工作機會，除衡量它的金錢報酬與福利得失
外，你應該要評估它對你的個人品牌 —— 自恃在商場上通行
的本錢 —— 的正面和負面影響。

　　靠著發展能廣泛應用於企業職能的專業技能，像是財
務、行銷或通用管理等跨地理和行業都吃得開的能力，能
將個人品牌發揮到極致。

　　有爆發力的勞動市場，加上職業後勢發展可期，會讓
就業技能的通行性價值水漲船高。

第 4 章

用投資思維決定職涯

　　許多投資人用在盤算股票好壞的原理，能應用到就業的決定。考慮工作時，把自己想成是投資人，差別是這時不是出錢買股票或債券，而是出勞力來交換薪水、資歷，還有可能的佣金、獎金、配股等報酬。你可以選擇待價而沽，將你的人力資產投入到爭取你的眾多公司之中的一家。你要像投資人那樣，看出相對價值，為現金、配股、發展機會及未來就業選項組成的機會集合，排定先後順序。

　　我因為哈佛商學院 20 年同學會，重新聯絡上老同學，並在他們的職業決策看到投資人思維的影響。我在本章提出十幾個投資思維，可總結為以下的大方向：選一個風險報酬組合最符合個人生活與家庭情況的職業；辨識很可能成長的市場和企業；辨識商業模型具吸引力的雇主；辨識為個人品牌加分及擴展最終前途的機會。我比較幾個同學做的選擇，凸顯這些思維對職涯軌跡的影響。

　　我上哈佛前，曾任職軍隊；從商學院畢業時，我已娶妻生

子，而且背了一屁股債。所以說，我容忍風險的程度相對低，很關注理財這件事，這促使我進入一家紐約的投資銀行，因為這樣一來，我兼顧了偏低的解僱風險，以及較高的新進員工報酬。投銀是一項中度成長，但具備強健商業模式的領域，有穩定的獲利能力跟現金流量。這行也賦予我營造個人品牌，或推銷自己的技巧，讓我直通曼哈頓的金融圈子。

我同學蘇珊，單身貴族一個，無債一身輕，而且來頭不小。讀商學院前，她在麥肯錫當顧問。有如此的經歷和身家狀況，她選擇到舊金山的網路公司上班，最後一路當上 Google 的管理層。蘇珊選擇加入相對陌生、多少面臨新創風險的新頭路，新進的金錢報酬低，卻是一個快速成長、商業模式非比尋常的行業，也拿到了進入矽谷的入場券。

回老東家的約翰，仍待在零售業。這個選擇的風險非常低，金錢報酬很高，工作上還可以無縫接軌。這個市場不太成長，但商業模式穩健，而且待在差強人意的紐澤西，仍有展望紐約的可能。

傑森是出色的工程師，喜歡解決現實層面的問題，進入了一家做建築設備的公司。這家公司歷史悠久，待遇好，算是保險的選擇，卻也是一個成長疲軟、景氣循環的行業，商業模式普普，加上地處中西部，事業人脈方面不盡人意。

20 年後四人聚首，大家都是事業有成。但總的來看，當初投入風險較多、行業成長前景佳、商業模式穩健，且事業網路

發達的人，累積更多的身家。累積財富的關鍵差異，並非聰明才智、工作倫理或天分，而是各自的職涯選擇，以及勞動力的運用方式。

運用投資原理來衡量機會

　　接下來的解釋可以運用投資原理來決定職涯。雖然說都需要納入考量，但我是按照其重要性依序介紹。

訂下風險報酬的看法

　　評估一個機會，首先是決定可能的風險與報酬，以及如此看法背後的重點假設。一個投資人可將資產配置到股票和債券，同理，求職者可以選擇把勞動力配置到風險報酬型態天差地別的機會上面。搞清楚不同型態的重要性在於：一來，工作的風險報酬型態，事關個人理財事務的管理方式（Part 3 會提到）；二來，有了清楚的看法，可以在一開始就訂下另謀他就的條件。舉例來說，投資人買下債券後，會注意到發行公司的事業風險變高，若出於穩定選擇了某個頭路，卻發現公司經營不善，危及原本的安穩，就要重新考慮原本的決定。就像專業的投資人會有一套選股邏輯（股票好在哪裡），你必須要有一套勞動選擇的看法，在情況改變之時，自我要求檢討所做的決定和邏輯。

評估長期成長潛力

對長期投資人來說，成長是將來帶來價值的主力。這道理對「吃頭路」的人更為重要。受雇者的職涯可能長達 50 年，比多數金融投資人的投資期間都長得多，這意味受雇者有更大的機會，可以從長時間成長的複利效果受益。除了薪水，就業境遇的「造化」通常提供許多非金錢的報酬，如升遷順利、免於失業等事業上的機會。

隨著時間，受雇者的財富將會因此大大改觀。假設二個同學同時開始上班，同樣堅守崗位 30 年，在新進時都以 1 股 10 元，拿到價值 1 萬美元的認股權，兩家公司股價本益比都是 20 倍，唯一的差別，一家是盈餘年增率維持 10% 的新興科技業，另一家是每年只成長 3% 的成熟傳統產業。假便本益比 30 年不變，任職科技業的人拿到的認股權最後價值會來到 1,640,000 美元，是另一個 140,000 美元的 12 倍。

因為預測長期成長很難，投資人（還有受雇者）應該要根據多個因素來盤算成長，不要只看一個因素。比方說，許多科技公司成長很快，是因為產品和服務的市場正熱，可是一般來說，更好的情況是公司要展現出創造時勢的能力，不是光靠市場擴張來成長，在市占率、搶占地理區位、委外、推出新產品，還有併購等方面也很有一套，如此一來，即使某一招不管用了，還是比較有機會實現長期的目標。

檢視公司的資本效率

投資人關注的指標有權益報酬率（ROE）、資產報酬率（ROA）、投入資本報酬率（ROIC）、有形投入資本報酬率（ROTIC）* 等，衡量結果的比率雖不同，用意都是要測量企業在賺錢跟用錢這兩件事的關係。我個人偏好有形投入資本報酬率，因為這指標用了最純的營業活動現金流量，及投用資本的數字。雖說不是硬科學般的標準，好公司通常能賺得 20% 以上的 ROTIC，這水準對承擔風險並要求回報的債主和出資者很夠用了。這個數字對投資人和受雇者，意義一樣重大，因為這除了表示一家公司抵禦競爭、保住利潤的能力，還指出要再做多少投資才有辦法擴張事業。ROTIC 高的企業一般較不需要增資，就有辦法成長。

除了看 ROTIC，更好的企業還得要穩定現金流量和資產虧損的風險，若風險低，投資人願意接受的 ROTIC 也較低。這個指標對受雇者的重要之處，首先，它指出公司用服務或產品增加的價值。資本報酬率高表示公司做的事情，差異化程度較大，新競爭者的進入障礙較高，數字低表示差異化低。雖非絕對，資本報酬率高的企業，一般亦屬「輕資產」，意謂競爭優勢較多來自於人才、品牌，和智慧財產。

---

* ROTIC 等於息前稅前攤銷前收益（EBITA）除以有形資產減現金及流動營運負債的比率。有形資產不含非實質資產，如專利、商標、著作權、商譽、品牌認列等。營運負債包含應付帳款、應計費用和應負所得稅。

其次，既然人才是差異化的來源，報酬高的企業大多願意支付員工優渥的報酬，保住競爭優勢。輕資產的企業，如不動產仲介、投資銀行、管理顧問公司等，績效可說完全靠旗下的人掙到的，這類公司行號獎賞績效好的員工，絕不手軟。相反地，資本密集的鋼鐵廠、公用事業、製造商等，可能將自身的競爭優勢歸諸於資產、製程、設備的投資，而非旗下的人員。這類公司可能的情況，是給高層優渥的待遇，做為管理龐大資產得宜的獎賞，但給廣大提供商品化服務的基層員工的待遇就差一大截。如果企業經營遇到挑戰（總有一天會遇到），我寧可自己是在優先投資人才，而非資產的公司上班。最後，報酬高的企業一般比較不會陷入財務困境，畢竟能持續賺入足敷償債之用的現金流量，而且用不著靠增資就能夠撐住績效。

放眼強健的商業模式

投資人會選擇意外情況發生時，仍保有餘裕的商業模式，受雇者也要如此。市場瞬息萬變、出乎意料是常理，有的企業在這種情況下，天生就有更大的應變彈性。你可以檢視的條件有：

1. **收入的可預測性**。市場的長期增長率，幾乎不可能預測，因此投資人往往偏好未來收入呈現可預測性的企業，包括收入源源不絕（投資基金）、售後市場或零組

件比例吃重（重工、重機）、業務版圖無處不在（國際
快遞）、景氣好壞打不垮銷售（超商、飲料）的企業，
相較之下，奢侈品的業者，如精品百貨，其生態就大為
不同。

2. **固定或變動成本**。變動成本比重較高的企業比較禁得住
收入的起起落落。顧問業者是高變動成本比重的例子，
像是會計師、各種顧問、律師事務所等。這類行業的員
工和任意成本，如差旅、轉包和業務開發等費用，往往
占逾八成的總成本，並且能視需要快速削減。你很少聽
到這類公司爆出財務問題，正是因為它們通常能透過最
適人力精簡來避免虧損，講白了，就是靠解僱員工來達
成成本撙節。這麼做固然有利雇主，倒楣的是一般員
工；若非泛泛之輩，長期來說，你算是來對了公司，裁
員比較沒機會落到你頭上。

反過來看，固定成本超級高的企業，例子有航空業者。
需求不振時，航空業者很難去化產能，不管要裁撤航線
和航班，難度和成本都很龐大；因為工會，裁員的空間
有限；主要資產（飛機）要麼銀貨兩訖，要麼已簽約；
景氣不好乘客少，機票降價求售，收入頓減，但費用相
對降不下來。天生條件使然，經常傳出航空業者破產、
受僱者生計無著的消息，可說一點都不奇怪。

3. **企業資產的安全性**。企業名下的資產，性質上是短期，

可以快速變現、沒什麼減損（投資血本無歸的文謅說
法）風險或脫手速度快的部分，一般會比長期、流通性
差，或有減損之虞的資產來得安全。從前述企業型態
延伸，顧問業者的主要資產是應收帳款（客戶收到的帳
單），性質上就屬容易變現的項目，通常付帳條件是開
30 ～ 45 天。大環境不妙時，資產負債表要看見現金，
飛機是名下主要資產的航空業者，屆時會很難脫手，
資產負債表上看不到現金，自然無法抵消營運產生的
虧損。

4. **地方性的服務輸送模式及最少的技術破壞性**。站在長期
投資的立場，投資人或受雇者觀望的重點，有一個是
全球貿易和科技會帶給企業什麼衝擊。展望未來數十
年，很清楚可知，成本低的地區，如中國、印度、墨西
哥等，在相對勞力密集或幾乎不含勞力加值的產業，將
繼續奪取市占率，如製造日常用品和紡織品的行業。
再者，技術不斷創新，將減少距離及國際貿易的「摩
擦」，使低成本的國家更容易與高勞動成本的地方競
爭。因此從受雇者的角度，我偏好具備地方性服務輸送
模式的企業，也就是實際上是在地提供服務或產品，或
與顧客或合作夥伴顯著具有即時互動或協作特性的企
業。這類產業和職能較不受前述趨勢之害，例子有保
健、安防、維修保養和教育等行業。

保守的資本架構要加分

對投資人而言，要提高一個風險分散投資組合的報酬，槓桿（舉債）是不錯的招式。在單一企業，財務槓桿對投資人和經營高層也是不錯的手法，因為自身的總報酬很大一塊來自股價增值，本來就要對借錢的額外風險與報酬有個底。不過對於沒有配股，仰賴工資過活的廣大基層員工來說，高度槓桿的資產負債表一般不是什麼好事。說穿了，員工即使承擔槓桿帶來的額外風險，也收不到股權報酬的潛在好處。

別錯估認股權

我曾聽朋友講過，進入某家公司一部分是為了股價：「我拿到行使價格很優的選擇權。」如果是投資人，證券價格或估值是衡量投資好壞最重要的指標，不過在職涯上卻算是無足輕重的因素。主動投資人的功課之一，是看出市場的錯價，趁機買在低點，並賣在正確反映價位的高點。厲害的投資人會多加盤算，判斷股票的價格有沒有正確反映出風險和機會的價位。可是對受雇者來說，不僅投入的時間長很多，換工作的交易成本也比賣股票來得高，因此估值或買進的時點相對較不重要。時間拉得愈長，初始估值就愈無關緊要。

以 Google 為例，上市那時，Google 空有潛力，但既沒搞出名堂，商業模式也不牢靠，雖然拿不出實績，IPO 估值卻逾100 億美元。持平看待的投資人，可能很合理地做出結論，說

這不是一筆好投資，這樣的人不少。但換從員工的角度分析，情況就不一樣了。Google 的基本面有其特出之處、滿手現金至少足敷好幾年的商業計畫執行之需、幾乎可說是無本生意的認股權，還有一飛衝天的市場提供的前途，對潛在員工的誘因很大。當然後來就知道，Google 對員工和投資人都是最棒的投資決定：2015 年 Google 市值直逼 4000 億美元。可是這並未改變從財務和職業來看，風險看法會截然不同的事實：投資人看到了高風險高報酬，員工看到了無窮的上檔機會，回報機會看好，但財務風險很低。

表 4.1 顯示時間如何打敗本益比的效果。投資高成長高估值的股票，會給相對短天期的投資人，帶來漲漲跌跌的績效（多數主動投資人的持股期間不到 12 個月）。不過一旦期間拉長，會像員工待久了一樣，初始的估值變得無關緊要，長期成長躍居驅動價值的主力，即使公司本益比下跌亦然。這說明一個道理，股票放一年，可能因本益比從 40 縮水成 15，而讓投

表 4.1　時間打敗本益比

持有期間（年）	買進的本益比	複利收益增長率	本益比降至 15 時的初始投資倍數
1	40	20%	0.5
5	40	20%	0.9
10	40	20%	2.3
25	40	20%	35.8

資人損失 50%；但做 10 年的員工，只要企業保持成長，即使本益比縮水，獲利仍有望翻倍。

　　我要提醒讀者，不要從 Google 的例子做出錯誤的結論。爭取到未 IPO 的 Google 上班是一個正確的舉動，股價不確定亦然；股價波動固然是重大風險，但其他好處很顯著，像是有機會投身資金無虞的事業，趁投身 Google 麾下，在前景看俏的市場建立個人品牌。這選擇非常不同於網路泡沫那時，很多創投投資的新創公司，其實還有很高的營運風險 —— 商業模式可行性、資金到位等 —— 當然免不了股價波動。

1. **運用投資組合分散的概念**。既然預測不了莫非定律（凡可能出錯者，必會出錯）的後果，投資人的基本手法之一是做好風險分散。這項原則對你的勞動力配置決定也別具深意。別小看職涯選擇對全家日後工作機動性的影響，好好考慮下列因素：
2. **技能範圍**。獲取的職責和技能，宜廣不宜窄。雖說特別專精一件事，回報可能不錯，心裡也踏實，但也可能是畫地自限，把前途與分門別類的要求綁在一起。
3. **產業規模**。大比小好。職涯結束前，你可能換好幾個工作，不妨挑個大一點、機動和流動性較好的領域。
4. **地理區位**。腹地大為宜。選擇在大都會工作，將來另謀

高就，可能不需要搬家，可減少轉職的成本。著名的
銀行搶匪薩頓（Willie Sutton）在訊問時被問到為何搶
銀行，他的回答很有啟發性：因為那裡有錢。手段合法
的前提之下，可套用同樣的邏輯來累積你的身家，即想
賺到豐厚的身家，就要到能跟有錢人好好打交道的地
方。最直接的方式，是住在財富匯聚的都會區，如紐
約、洛杉磯、芝加哥、波士頓、舊金山和華盛頓特區，
或是取得盛產高所得人士的常春藤名校的學歷。這可說
是常識，不過就是體認到，匹夫很少成就大事業，多跟
聰明才智與進取心兼備的人士為伍，共造時勢的希望比
較大。有的人認為，在大都市討生活或讀名校的成本，
會抵消我說的好處，但我認為這是不放長線釣大魚的看
法。大都會的生活成本，固然令社會新鮮人卻步，但把
時間拉長到上看 50 年的職涯，相較於多出的機會，這
不過是一小筆投資。

5. **家庭勞動力分散決策**。當同事或同行的隱憂，肯定不是
夫妻挑選工作時的主要考量，但至少要對相關風險有所
體認。相較於同事或同行的情況，夫妻倆的產業跟工作
毫無關聯，收入流量會比較平穩。勞動選擇重疊的不利
之處，不妨想像一下，夫妻倆人剛好在出事的安達信會
計師事務所（Arthur Andersen）、安隆（Enron）、克萊
斯勒、雷曼兄弟當同事，會是什麼下場（若已成事實，

可透過管理預備金及家庭的資本結構和資產負債表來減
輕衝擊，見 Part 4）。

同理，若另一半的職業相對平穩，在職或退休都有保
障，但可能沒什麼機會薪水三級跳，那麼追求一個風險
較高、報酬較高的機會，就有不錯的互補效果。理想的
情況下，一人的職業保障安穩的日子，和可靠的現金流
量供生活開銷之用，另一人風險雖大，但可望創造可觀
財富。這做法有人稱之為「配偶股債勞動配置策略」。

打響個人品牌的算盤

自我推銷或個人品牌收到的效果，是勞動配置決策的一個
重要考量。職涯早期的重點放在學到技能和發展個人品牌，像
是攻讀知名學府的學位那樣，到產業龍頭企業，像通用電氣、
高盛和蘋果電腦等單位上班，對年輕工作者的專業能力是很大
的認可。趁年輕搞出名堂，等年歲漸增，就不用煩惱拿不出成
績。個人資歷愈豐富，更能造就獨一無二的名號。

做自己的人生財務長

　　世人多半把事業有成及身家累積歸功於努力工作跟天分，其實不盡然。顯然，這些特質是事業有成的必要條件，可是創造財富這件事，還得靠本身就有助於促成成就和財富的工作環境。當今最有名的企業領袖，像是微軟的蓋茲、巴菲特，或甲骨文的埃里森（Larry Ellison），他們本身除了天分過人外，同時也「入對行」，得以發揮天才之處。把投資的原理運用在你的職涯決定，有助於挑到對的環境。

　　最通情達理的事業決定，必須要和全家人的事業選擇、風險容忍程度和流動性放在一起通盤考量，不可一意孤行。你的財務目標是要極大化家庭財富，不是你一個人的財富。

第 5 章

別因為不急，而忽視退休給付

　　人資經理在面試過程，若聽到面試者過度在意退休金，肯定會覺得有點莫名其妙，可是這部分的給付，明明是你在做職業決定時要整體考量的眾多條件之一。退休給付的關注重點是區分確定提撥和確定給付兩種方式。

　　第 1 章提過，確定給付制的勢力，在民間節節敗退，在公家單位還是很常見，但即使在政府部門，財政日漸困窘的公家雇主，也漸漸放棄確定給付制，以致雇員動輒因改採新制，蒙受極大損失。

　　確定提撥制的退休計畫，如 401(k) 和 403(b) 或其他方案，資金來源通常是受雇者的稅前提撥，很多情況下 *，公司也要出一點。這類方案有不少優點。提撥的款項無論將來僱用狀態，都是受雇者的財產；受雇者一旦滿足公司的受益規定 **，

---

* 如果在美國的非營利組織工作，例如：學校或教會，會提供 403(b) 的退休金計畫。

** 受雇者對公司提撥的部分有不可剝奪之權的任職期間，長短介於即刻起到任職 5 年。

公司提撥的部分也成為受雇者的財產。受雇者對於投資選擇和
財務績效，握有很大的彈性和主控權。投資部位是以稅前的本
金，複利成長，加速創造財富。而且這項資產絕對透明，允許
員工定期重新調配投資部位以因應退休保障之需。舉例來說，
員工能更改年度提撥、調整預計退休日，或者適時根據新的資
訊變換投資策略。主要的缺點是受雇者要承擔投資不利，以致
退休金不敷使用的風險。

　　相反地，傳統的確定給付制，退休年金是由雇主承諾一定
金額的給付，並承擔為這項負債出錢的責任，投資績效不好或
受雇者活太久，都不能當作卸責的藉口。不過確定給付制有五
個特徵，可能讓受雇者的預期價值大幅縮水。

1. **資格不符**。自由受僱和受僱流動性，是目前主流的勞動
   條件，沒了通行的機會，會減損預期的勞動價值。不管
   自願或非自願，受雇者可能尚未取得退休福利的資格就
   離任。退休給付的受益規定，會規定在每家公司的官方
   文件，任職期間的規定可能長達 5 年（確定提撥制下，
   雇主依受益規定提撥，受雇者則要即刻提撥）。

2. **給付款項累積的時程**。即使確定給付制和確定提撥制預
   期給付的款項差不多，受雇者累積款項的速率也不一
   樣。多數的確定給付制的方案，支出額所依據的公式，
   會偏向採計後期的均薪，換言之，退休福利在職涯的後

期，成長速率比職涯早期快很多，稱之為 J 型應計制。
效果是受雇者辭職或遭解僱，形同補貼續留的員工。企
業可藉此鼓勵留任，卻不利於靠跳槽提升職涯。相反
地，確定提撥制的增值型態較接近線型，而且不管何時
離職，該是你的一毛就跑不了。

3. **規則異動**。企業雖不能對受雇者已拿到手的部分動手
   腳，卻可隨時修改將來受益的速率。企業可以在受雇者
   職涯期間修改福利的規則。當退休福利的天秤倒向受雇
   者職涯晚期的條件，跳槽或換方案的代價可能很高。

4. **制度破產**。你得盤算任職的企業有能力履行義務的可能
   性。即使聯邦規定企業必須足額提撥，確保財務可行
   性，歷來已發生許多退休計畫破產案例。當計畫的義務
   超出支付的能力，聯邦年金給付保證公司（PBGC）可
   能就會出面接管。不過 PBGC 給付 65 歲退休勞工的上
   限每年 59,300 美元，通常是少領很多。更慘的是 PBGC
   自己財務也有點問題，動輒爆出數十億美元的財務缺
   口。雖說年金計畫破產的情況相對少見，後果卻很嚴
   重，不得不慎。

5. **未動用的給付未能留作遺產**。第一章提到，為遺族或身
   後遺留的事業規畫資產，是一個重要性稍低的財務規畫
   目標。確定給付制保證本人（可能擴及配偶）不會拿不
   到給付，但身故通常價值歸零，因此不會留下遺產。

退休規畫的兩大難題

　　確定給付制有兩個重大的財務規畫難題。第一個難題是無法有效算出預期給付的價值。確定給付的退休金是許多變數作用下的結果，指定的年金給付、屆退前雇主持續授益的可能性、任職期間企業變更給付金額的可能性、計畫和公司有能力對退休者履行義務的可能性，以及 PBGC 於計畫和公司破產時的支付政策。

　　第二個難題是一旦投入太多在獲取確定給付的福利，跳槽的難度和代價都會非常高昂。設想有個員工在同一家公司待了25 年，再待 10 年就能退休，並享有全部福利，不過這 25 年來，公司和年金計畫都出現財務問題，這員工變得進退兩難。待下去似乎理所當然，因為離開損失慘重，不如靜觀其變；可是近年許多案例顯示，觀望通常沒有好下場。反之，若採用了確定提撥制，員工此時就能「用腳投票」，保住退休金資產，另謀出路。

　　基本上，選擇這兩種退休金制度，要回到你對主控權的態度和甘於承擔的風險而定。我自己比較願意承擔確定提撥制伴隨的風險，因為受雇者握有伺機另謀高就極大化自身勞力資產的彈性。這項制度也賦予職涯各階段的退休金資產更大的透明度，讓受雇者視需要調整規畫儲蓄、退休年齡及開銷型態。最後，確定給付制廣受受雇者歡迎的固定月退，靠著投資組合也

做得到，而且風險更低。這部分留待 Part 3 介紹。

做自己的人生財務長

不管離退休還要多久，退休給付的考量都是職涯決定的一部分。

不同年金制度各有其風險。確定提撥制的風險有投資失利、及所得不敷餘命期間使用。確定給付制的風險是給付條件意外變更、計畫或企業無力支付承諾的年金，以及受僱流動性受限。

做好接受風險心理準備，選擇確定提撥制的受雇者，能獲得個人財務規畫、職涯機會、投資，以及個人資產透明度方面的好處。

第 6 章

到底該不該買保險？怎麼買？

　　我爸向來是我在財務決定方面的導師，對於多數的財務課題，我們意見一致，不過在買保險這件事，情況稍有不同。我爸看起來想替**所有情境**買保險，而我則希望少買一點是一點。在我看來，我爸的保險買得太超過，他替全家買了壽險，替自己跟我媽買長期照護險，也買了承保範圍極大的責任和車險全險。我認為我倆選擇不同，是出於基本方法的差異。我爸其實買的是心安，他想知道一旦壞事發生，絕不會帶來負面（正面也不用）的財務影響。我的話，把保險當成非不得已的手段。我認為買保險是把錢丟到水裡的舉動，萬一出險，保險金的預期報償肯定是少於我把繳的保險費拿來投資的預期未來價值。所以我盡量替自己作保，只對會把全家拖下水、讓一家子愁雲慘霧的災難性情境買保險。我的方法可能會給自己帶來意外的支出，但我知道這樣有比較多的投資報酬。

　　不管你持什麼個人見解，除了做極大化勞動價值的投資外，也一定要做保障勞動資產的投資，也就是保障自己的工作

能力。這種投資多半得仰賴保險。回到第一章舉的家庭有限公司淨值例子，那名年輕人在 25 歲的時候，持有約 200 萬美元的預期稅後勞動資產。在這個時間點，他需要最多的保險，以免落入最不幸的處境，如發生重大的疾病和意外事故，以致勞動資產遽減的時候，還能額外收到足敷使用的金融資產（救急款項），補上潛在的勞動所得損失。保險的類型很多，其中令家庭有限公司免於「完蛋」──家破人亡──的有三種。

避免家破人亡的保險

長期失能險

　　這種保單用意是在疾病或傷害導致沒有能力工作之時，替你補上大部分的薪水缺口。這種保單派上用處的期間，將一直持續到永久無法工作，無礙於自己或一家財務處境的時候。這保單的必要性可說是重中之重，畢竟一旦工作能力受損，失去勞動的潛在價值，開銷可不會跟著一筆勾銷。落入這種處境的人，就變成全家人的沉重負擔；從財務的角度來看，沒死成下場比較慘！

　　所以說，沒有失能險的下場，沒有一個工作者受得了。用幾個統計數據可以清楚看出沒買失能險的風險跟後果：現在 20 歲的人有 25% 的機率會在退休前淪為失能者；最近的不景氣，62% 的個人破產情況和半數的住屋法拍，是因為醫療問題。

　　雖說統計數字歷歷在目，多數美國人還是沒買保險。69%
的民間員工除社會安全失能保險（SSDI）外，沒有長期失能
險。SSDI 的保障是不夠的，2012 年，逾 65% 的初次理賠遭拒
絕，慘到理賠通過的人，平均每月給付是 1,130 美元。商業失
能險是保障一家子在一家之主的最大資產——勞動力——意外
受損，得以免於財務重創的最佳手段。所有工作者不管現在幾
歲、成家了沒，手上都應該要持有這種保單，直到累積足夠的
金融資產，可以報酬或變賣支應餘生的開銷為止。

　　評估長期失能保單的重點，包括續保的條件、保險公司怎
麼定義完全失能及「剩餘失能」？有哪些不保項目？保險公司
的財務實力和價格。本書沒有要專門討論保單條款的細節，但
一般而言，我建議要極大化跟保證給付有關的部分包括保險期
間應該符合期待、失能的定義要寬鬆、給付的期間要長，如付
到 65 歲，而且保險公司從 A.M.Best、Moody's、Standard &
Poor's 等信評業者拿到的財務評等要高。若很在意價格，我建
議著重總承保範圍，同時接受較長的除去期間（保險事故發生
到給付開始的期間）。這些取捨沒有違背避免家庭破產的目標。

　　長期失能保單偶爾會包含在員工福利。無論要保人是誰，
若保險費已課稅，給付就免稅。

壽險

　　財務計畫的另一個重點壽險，用意是在突如其來的身故之

時，替一家人補上所得。定期壽險和終身壽險雖各有優缺點
（終身壽險有投資的成分），不過用定期壽險可區別保險和投
資，且降低成本及提供較多彈性，通常是比較好的做法 *。下
面是購置壽險計畫的重點考量：

1. 著眼於所得補充的話，年輕人或年輕夫妻一般用不著壽
險。伴侶驟逝固然令人悲傷，不見得會導致財務困境，
除非兩人身上有不少債項，非得靠這筆壽險的保險金來
持續支應不可。最常見的情況是年輕夫妻一旦貸款購屋
和生寶寶，就非得需要壽險，這時買壽險通常不划算。

2. 有小孩的夫妻常常會為了減輕養家者身故或失能帶來的
所得衝擊，但很多人沒想到要替顧家者買保險。我看到
有些夫妻買的壽險，遠高於潛在的勞動所得損失幅度。
即使沒在賺錢或收入很少，顧家者身故或失能之時，有
收到額外的財務資源，對於度過難關很有用。

3. 最有成本效益的壽險規畫，一般是採梯狀買法：一組不
同期限、橫跨職涯，並且按勞動力衰減時程安排的定期
保單。圖 6.1 顯示，圖 1.1 舉例的終身勞動資產（即預
期收入）為 200 萬美元的 25 歲年輕人的梯狀買法。他

---

* 終身壽險一般較適合身故之時，因遺產規模可能有租稅負債的家庭。這時，
　保險金就能用來支付繼承不易變現遺產的稅金。第 26 章對此有更多討論。

圖 6.1　定期壽險階梯

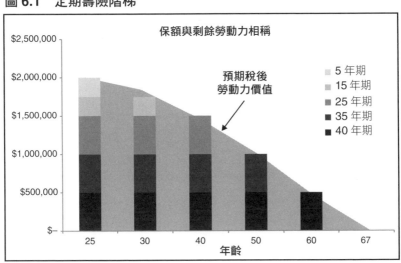

在每個年紀仍有效力的保單，反映他的剩餘預期收入。
比方說，從圖 6.1 來看，25 ～ 30 歲期間，他的死亡保
險金約有 200 萬美元，30 ～ 40 歲期間，死亡給付減少
到 150 萬美元，符合他的剩餘勞動力。

傘護式責任保險

　　健全保險計畫的第三根支柱。這種保單是保障你個人、家
人或名下財產「被告上法院」的風險。失能險和壽險是保障你
的勞動力，填補喪失的所得，傘護式責任保單則是保障你累積
的財產。因此其他兩種險的保額會隨年紀遞減，這張險則會增
加。考量這種險保費便宜，我通常建議保額從 100 萬美元起

跳，視家庭有限公司淨值增加而調高。

根據自己的狀況與需求來規畫

　　我自己的經驗和規畫有助於看出一般人終其一身，保險計畫和需求的演變。雖說每個人的情況不同，我的情況算是有將家庭和財務狀況的變化，合理反映到保險需求。

青年

　　我二十幾歲時，沒什麼錢，沒借錢，也沒多少資產，我家是雙薪家庭，夫妻倆都有學歷，工作不錯，所以不太需要保險。雖說我死了，我太太心理會很難過，但財務上不會。我們只買了三種保單：失能險、傘式責任險和車險。簡單說，唯一能讓我家完蛋的風險，就是我倆有人失能、被告，或開車肇事的損害責任。

步入中年

　　三十幾歲出頭時，我的情況大為改觀。我賺的錢多很多，名下財產日增，也多出不少學貸、房貸和車貸。我太太改當家庭主婦，家裡多了兩個甜蜜的負擔。如今我非得買保險不可，否則要是我死掉或喪失工作能力，我家就糟糕了。這段期間，我理所當然買了定期壽險，還有失能險、傘式責任險跟車險。

不僅險種變多，保額更是配合我的收入，以及家庭的負債、開銷，跟可能遭索賠的資產而顯著提高。

離巢期

我們夫妻倆不久後就要邁入另一個階段。我的所得漸趨穩定，但多年來我累積了不少財富，報酬合理且開銷不離譜的話，足以支應餘生所需。同時，我的責任減輕。小孩長大，漸漸自立；我們家的債務大幅減少，我太太也有時間重返職場。邁向新的階段，失能險和壽險的需求減少，傘式責任險、車險，還有長期照護險的需求，跟著名下資產、車子和歲數漸長而增加。

多數夫妻都會經歷類似的階段，命好的人還會積下大筆財富，這時就會步入我稱之為**遺產管理**的第四個階段。保險是安排遺產稅的有用工具，這方面將於第 25 章提到。

做自己的人生財務長

　　每個家庭終其一生，都要以勞動力和金融資產來支應隨時發生的責任。保險是保障資產免於災難性損失的重要手段。

　　常用到的保險包括：壽險、失能險、傘式責任險、長期照護險，還有車險。保險用在對的場合，就是適當的風險管理工具，但保險本質上不是好的投資，因此要買得有分寸。

　　買保險應該是反映潛在的家庭損失，而不是想著說以後會有一筆意外之財。

PART 3

用財務長思維讓
金融資產極大化

我們在 Part 2 談的概念，讓勞動價值極大化，Part 3 能讓家庭的金融資產價值極大化，同時壓低財務困境情況發生機會的方法。

第 7 章

管理資產，不等同投資

　　不少人把資產管理跟投資視為同一件事，這是很大的誤會，事實上，這是兩項用到不同技能的活動。姑且這麼說，我認為本書的讀者都有能力成為出色的資產經理人，但很少會成為優異的投資人。

　　資產管理這件事，其實就是當家裡的財務長有能力有效管理家庭的所有資產，滿足一家所需，職責包括為不時之需做好準備、為家裡採購必要財貨及融資、經營職涯，以及為退休做好規畫。反之，投資的範圍小很多，購置股債等資產來獲利。

　　以我爸為例，他是全家人的出色資產經理人，本身則是頗為平庸的投資客。我爸自己事業有成，把全家的資產管理得當，確保一家人無後顧之憂，並且妥善規畫兩老的退休生活。不過他做投資時，抵擋不了主動投資的誘惑；我爸喜歡做投資的過程，所以很少對任何講得出道理的投資機會說不。我爸的股票經紀人史丹總是能想出很多「好點子」，來迎合我爸當週在《財經》雜誌或《華爾街日報》讀到的題材，巴菲特點名的

投資當然也不會放過。我爸的說法是，總的來看，他做投資有賺錢；這沒錯，他多數的投資放夠久都沒賠錢，但我很懷疑他的績效可能不如同期間乾脆買指數。

有個關於散戶做主動投資這件事的笑話是說，最新的飛機技術，已經從兩個駕駛進步到一個駕駛搭配一條狗來開，狗的工作是看到駕駛摸儀表板就咬他。

普通人忍不住主動投資時，有這麼一條狗適時咬一口，可能反而是好事。出色的投資績效往往得仰賴忍住，而非忍不住來達成。

資產管理的六大功能

在制定具體的資產管理投資計畫之前，先來看資產管理活動要發揮的主要功能。資產管理活動的六大功能分別是：

勞動活動不順利時的安全網

資產管理活動在你的勞動活動不順利時，如待遇變差或失業，能提供重要的資金來源。圖 1.1 的家庭有限公司淨值，是假定薪資增長且持續就業，長期來看還算合理，但現實的情況是家庭的收入在短期內往往較不平穩。收入不穩定的時候，手上的資產就能發揮重要的功能，用來支應必要的消費。即使職涯堪稱順遂，資產管理可望能幾度發揮這項安全網功能，雖說

罕用，卻是資產管理活動最重要的功能。破產律師行業有句話說，企業倒閉往往不是因為價值低於負債，而是因為用光現金。這道理對普通人也適用，藉由現金、可用的信貸、流通的投資部分等確保流動性無虞，是不陷入財務困境最好的方式。若時間還長，家庭的財務長可以透過延長工作時間、增加儲蓄或減少開銷，克服資本虧損或暫時失業的波折，但破產這樣的不幸財務困境，很難讓人翻身。

提供家庭的短期流動性

其實就是跑銀行三點半，提供資金或「頭寸」周轉一時手頭不便的功能，例如：開學繳學費、保險費到期，或支付當年度的 401(k) 提撥等。這種投資的用途像是支票戶頭的透支功能，稍後就會回補。

收購事業和消費資產

你的資產管理活動，也是購置各種大宗資產的資金來源，至少可用來抵押，比方說，花在汽車電腦等長期耗損的財貨，或教育、股票、不動產等會增值的財貨上面。

累積財富

做投資管理活動的基本目標，是透過通盤的投資計畫來增加資產。這項活動類似自行管理多元分散的基金，並單純地把

目標放在投資增值，還有股利、利息和其他配息的收入。

支應勞動資產用罄之時的消費

　　不管是自願或被迫，等到退休時，資產管理活動的目標要改成投資增值和變現花用，如同退休年金，一面要達成投資目標，一面得產生足夠的現金流量，用來支應款項和開銷。

下一代興業的本錢

　　最後，累積的金融資源花不完的部分，能做為下一代的創業資本。第 23 章會提到，投資得宜的話，少許的種子資金能大大挹注下一代的淨值。

┃做自己的人生財務長┃

　　除了如同投資顧問般做投資決定外，家庭財務長還有很多工作要做。

　　資產管理活動所用的資本，對你在各種偶發情況下籌措現金的能力，乃至於後來配置資產的方式，都會有顯著的影響。

　　安排資產的優先順序，應該是先保障財務危機、供應必要的開支，以及發展與維持勞動的活動，然後才是為將來消費做投資。由於這項關鍵功能的要求並不簡單，所以這項活動完全假他人之手委外辦理。

第 8 章

資產配置，如何做出對的選擇？

　　我爸在我 7 歲時，送我 AT&T 的股票當作聖誕禮物。不用說，我很失望並老實對我爸說，股票不在我的禮物清單。他回我，假如不喜歡，就把股票賣掉，把錢拿去買想要的東西。

　　幸好接下來好幾個月，我沒有賣掉這個聖誕禮物；後來想到時，股價已漲了 25%。那天我開竅了，開啟對投資的興致，什麼都不用做就能賺錢，聽起來真不錯！當上股市新貴的我，跟著我爸去找他的經紀人，聽看看怎麼用送報賺的錢來做下一筆投資。

　　坐在比人還龐大的皮椅上，對面的經紀人史丹，試圖將風險、分散、投資組合的利益，用盡量淺顯易懂的說法，讓我這個 7 歲的小孩聽得懂。

　　我當下根據剛吸收的新知和史丹的建議，決定購買一張保證 7% 報酬的 5 年期存單，心想這下妥當了，這投資竟然保證我會賺錢。當聽我爸說，他也聽了史丹的建議，持有一項固定利息的組合，我感覺更踏實了。

94　FAMILY INC.
做自己的人生財務長

　　多年後我在讀完書，也錯失不少機會後才恍然大悟，史丹給我們父子的建議根本不算對，可說抓小放大。史丹替我們建立的組合，雖極小化每年價值起伏，可是沒有幫我們極大化退休用錢之際的長期投資價值（逾 10 年）。我爸跟我後來都沒有賣掉 AT&T 的股票，這麼長的一段時間，要是多買入股票，而非存單或債券，我們會賺到更豐厚的身家。

　　當時移世變，有根據個人情況和需求買對資產類別，通常比挑對個股更受用。家庭在做投資時，精明的資產配置──把可投資資金分配到各種投資類別──可能是繳出漂亮的報酬，並兼顧適當風險最穩當的途徑。困難之處當然就是如何做出對的選擇。

　　在資產配置一事，投資業界和學界有汗牛充棟的研究，也提供不計其數的傳統建議，雖說家庭財務長應該要涉獵，可是別貿然買單。在通盤了解家庭有限公司脈絡的基礎上，大多數的傳統做法，家庭財務長要進行修改或直接無視，因為多數老生常談只看到了金融資產，卻忽略你擁有的房屋，以及工作與社會安全福利金等未來給付帶來的價值。這些資產得納入做為考慮因素，得出通盤的看法，然後才有辦法明智地劃分到股票、債券和其他資產等類別。

以大局為重的策略

對某個投資人而言，最適的策略取決於四件事：

1. 合理預期做投資要賺到的數值（目標報酬）。
2. 當前和預估的收益。
3. 當前和可預測的未來金融負債。
4. 投資天期，或存續期間（什麼時候要／得脫手呢）。

這四點都是重要的考慮因素，其中，投資天期可說是影響最佳投資配置決定最大的一個因素。

除達成理想報酬外，穩健的投資策略會設法極小化投資組合價值的上下起伏。這種金融面的「雲霄飛車」稱之為「波動性」，是主要的風險衡量方法，而且可以透過分散予以減低，亦即投資多個平常不會齊漲齊跌的資產類別、產業、地理區，內行的說法是降低相關性。

資產類別是具相關性投資項目的分組，一般在三種風險衡量上，同組的資產會表現出類似的行為：

1. 波動性（價值漲跌程度）。
2. 不流動性（脫手變現的難度）。

3. 價值減損（資本的損失）。

投資人承擔愈多的風險，要求的報酬要愈高。

現金和近似現金（含備用現金、支票、貨幣市場帳戶、存單和國庫券的資產類別）不太會漲跌或淪為一毛不值，不難變現，但也不太可能從中獲利；債券的風險稍高，較具增值空間。與此相反，避險基金、私募股票，和其他必須大筆注資的投資項目，一旦順利，回報非常可觀，但前述三種風險也極大，而股權（股票、股票型基金和ETF）則是獲利能力稍遜，但風險小得多的資產類別。

若樂於承擔風險追求高報酬，過程可能像是坐上雲霄飛車。不過只要適當做好分散，並且有能力管理流動性不足和波動性，一般來說，投資人將會受益良多。巴菲特曾說過：「我和查理（他長期以來的事業夥伴查理・孟格）寧可一波三折賺到15%，也不想無風無雨到手12%。」

資產配置的理論基礎，有二個重要的現實世界觀察：

1. 很難預測在一段期間內，哪些資產類別的表現會最好。
2. 歷史數據顯示，各資產類別的表現往往不一樣，因此分散能夠產生較小的波動性或風險，報酬卻不會隨之打折。

比如說，歷史上美國股市下跌10%，另外許多資產類別

可能出現較小的跌幅：全球股市跌 9.5%、避險基金跌 7.4%、
新興債市跌 5.5%、美國投資等級債跌 2.8%，外幣更只會跌
1.9%。這些資產類別雖正相關（走向相同），但幅度有別，所
以可減輕投資組合的波動性。

　　歷史的相關性，因時間而異。一般而言，全球化使全球經
濟體在股市呈現更高的相關性，降低分散的好處。而且因為衡
量誤差的關係，私募股票、不動產和絕對報酬策略（避險基
金和併購套利基金）等特定資產類別的損益，可能比表面上還
高。雖說如此，著眼於無相關性資產類別的策略，有機會降低
波動性，並無損預期報酬，這項好處不會假。

　　在任何一個國家，股市都會呈現相對大的波動性，但只要
在投資組合，加進其他國家的股票，波動性就會大幅降低。比
方說，統計 20 世紀資料的分析發現，樣本組合納入十六個國
家的股票後，比起單一國家時，波動性會減少逾 40%。這項研
究只涵蓋已開發國際市場的股票，要是加入相關性較低的資產
類別，像新興股市，分散的效益會更大。

　　總之，資產配置模型指出，廣泛分散到多個市場和資產類
別，能夠分散並且減輕投資組合的波動性，同時不損及有利的
風險調整後報酬，這筆收益可用於退休、遺贈和家人興家立業
之用。

資產配置的傳統模式

投資人有各自的投資天期和風險胃納，所以沒有一個資產配置對所有人一體適用。不過下面的模式算是代表理財業界對一個 40 歲、風險容忍度普通的客戶要怎麼做的共識：

60% 股票，其中：

35% 是美股。

20% 是已開發市場的國際股票。

5% 是新興市場股票。

35% 債券。

5% 現金和約當現金。

有志於不動產的投資人，通常會從股票部位挪用最多 10 個百分點，投入到不動產投資信託（REIT）；而有志於大宗商品者，往往從固定收益部位，挪用 5%。此外，機構投資人和高淨值大戶，通常會撥出 15% 配置到另類資產，像私募股票及絕對報酬或避險策略，實務上，這些市場若散戶沒有個 500 萬美元的身家可進場，是看得到，吃不到的，所以要從主流理財模型剔除。

再者，理專一般會建議當年紀漸增，要增持流通和固定收益的資產。常聽到的說法，固定收益占投資組合的百分率要等

於你目前的年齡（意思是說，40 歲的人固定收益要占投資組合
40%，60 歲的人要占 60%）。

運用傳統模式投資組合有缺點

　　建立投資組合時，要運用資產配置的模型，這件事我舉雙
手贊成，但我認為要在第 1 章所說的家庭有限公司淨值架構下
這麼做。從這架構來看，前面所講的傳統資產配置模型具有顯
著的缺點，包括：

- **傳統資產配置模型把重點放在現金和固定收益為投資
組合波動性產生的平滑效果，未考量到資產管理活動，
還有流動性周轉的功用，例如：融通重大的事業或個
人資產，及在等待工作報酬到手，或其他資產變現入手
之前，提供支應消費的現款。**這方面的投資組合部位，
作用就像日常現金開銷的透支帳戶。鑑於這項重大用
途，合用的高流動性資產，應該占投資組合當中的一筆
金額，而非百分比。現金配置決定應該根據每月開銷型
態，還有動用預備金的可能性，不是以金融資產的目標
比率充數。你用到的是金額，不是百分比。
- **傳統模型未如本書的家庭有限公司淨值架構概念，全盤
考量淨值的性質，將多數人最大的資產「勞動力的預期**

稅後價值」納進來。正常僱用的狀態，勞動力產生的稅
後現金流量，如薪水、獎金、認股權利得，型態會類似
債券或年金：每年給付的金額相對總價值很小，而且年
所得變化通常不顯著。雖說這項所得流量，沒有像債券
那樣，獲契約條款保證，但終身來看，這筆累積現金流
量相對平穩，如有保險可減輕失能之類的勞力減損風險
時，情況更是如此（見第 6 章）。再者，社會安全福利
金和工資，基本上和其他金融資產的相關性是零，增添
分散的效益。勞動力和社會安全福利金帶給家庭有限公
司的分散效益，大幅降低家庭資產組合的波動性，連帶
較不需要以債券、商品、不動產和現金等風險／預期報
酬較低的資產來補強資產組合。

• **傳統模式未體認到，除勞動力和投資證券外，許多家庭
的主要住宅通常是勞動力之外的單一最大宗資產**。把這
項資產納入資產配置的架構，就會清楚看出，考量既有
的不動產集中程度，多數家庭多做不動產投資項目（收
租的房產、度假屋，甚至商用 REIT）並非審慎之舉。

• **傳統模式沒體認到，多數家庭資產負債表上的債務，與
不動產、教育和車貸或卡債等消費項目之間的關聯**。我
雖贊成某些情況下，可舉債提高股票報酬，但這麼做無
疑會給家庭有限公司淨值帶來額外的波動性，所以務必
要在家庭有限公司淨值及資產負債表的整體組成之下進

行考量。學貸在家庭有限公司資產負債表的影響，跟借
錢多買股票一樣。債就是債。

- **傳統模式未考量退休期間，家庭會持有社會安全福利金
或確定給付退休年金等型態類似債券的資產。**

- **多數傳統資產配置模型的股票配置，不適當地集中美
股。**許多理專建議美股占總持股的 60% 以上，這說法過
時且因循守舊。現今美國的股市占全球市值一半左右，
經濟則占全球不到 25%，這數字隨中國、巴西、印度等
新興市場加速成長，會繼續縮水。按照全球市場市值相
對占比，來配置你的股票部位，能確保反映經濟體之間
的消長。

- **傳統資產配置模型經常會低估投資項目在變現之前（萬
一有）的持有期間。**隨年齡增長，多數理專會建議增持
低波動性、低報酬率的資產，如債券，不僅失之保守，
且不見得有必要。投資項目若屬短期就要變現者，對波
動較小的證券增加曝險的做法雖有道理，但應該是根據
預期開銷金額，和家庭有限公司的淨值來進行。這兩個
因素顯著影響到投資人不得不將顯著變現投資組合部位
的時間表。

- **多數的傳統資產配置模型中，年齡是影響風險容忍度的
主要變數：年齡漸增，風險容忍度漸減。**事實上，這種
看法太過片面且狹窄，為了凸顯這點，我以我跟我父親

為例：

　　我爸是 79 歲的退休教育人士，正在領確定給付的退休年金，他在這年金的撥款時間超過 50 年，他的開銷大多是用年金和社會安全給付來支應。另外，他手上有好幾棟房子，還有不動產的部分，而且幾乎沒有房貸。因為我爸是公務員，扣除年金和不動產，他手頭未曾寬裕；他有一些股票、債券和基金，但加一加還不到家庭有限公司淨值的 20%。

　　我的情況很不一樣。我現在才 46 歲，雖然年輕很多，但背負的財務風險卻大得多。我自己開業，不拿薪水，年底才會與合夥人分錢。我的所得受投資項目績效的影響很大，我的收益在好壞年可能相差 500%，糟糕的話，還會變成負的現金流。我手上有二棟房子，都有貸款；我還有二個孩子，5 年內都要上大學。傳統資產配置會建議，我爸應該極小化投資的風險，而我應該勇於承擔。我說，才怪。我爸雖老，但非常適合做股票部位，大可將退休年金、社會安全給付、不動產以外的資產，通通投下去。而我一來年收入的波動性已大，二來欠債，看到風險可說應退避三舍。

比較財富效果

　　當財富漸增，傳統資產配置模式隨之瓦解。比方說，假設

一名 67 歲的婦女退休，沒欠債，手上有 50 萬的現金和短期證券、50 萬的債券、50 萬的不動產和 300 萬的股票。她的稅後開銷每年約要 15 萬。傳統的說法會指出，她握有太多的股票部分，應該賣掉約一半的持股，可這麼說錯了幾個地方。第一，假設開銷恆常，這人絕不會坐吃山空，資產的耗用可能趕不上增長。第二，考量耗用相對於增長的速率，即使這人的歲數很大，預期投資天期其實很長，因此往傳統的固定資產「安全」配置靠攏，可能反而害她丟掉股票的長期複利增長機會，況且沒事動手調整組合，稅務上不是明智之舉：債券利息應稅，還可能出現應稅的資本利得。此外如借鏡歷史，這招往債券靠攏的配置手法，不會讓她稅後購買力的長期起伏降低，這部分第 10 章即將介紹。

即使僅套用基本的家庭有限公司淨值情境：假設 67 歲退休、手上有 57 萬、90 歲要把全部資產用完 —— 預期的股票出售仍為期遙遠。假設通膨後、稅後、費用後的年報酬率有 5%，這筆錢在 23 年間，每年將產生 42,000 元的現金，這時過了 10 年甚至才用完投資組合的 30%。

回到我和我爸的例子，根據我們倆的個別情況，估計預期持有投資的時間。傳統理論會說，我爸 79 歲了，投資期間相對短。事實上，我懷疑他再老都不會出場，因為他用年金、社會安全給付、不動產投資收益，就可以支應開銷，所以不需要賣掉投資項目來維持生活方式。而我即使處境風險不少，近期

內也不太可能會賣掉股票。我手上有一年份的現金，用來應付
預見的急用，其餘資產通通拿去做投資。其實我工作以來，未
曾減碼對市場的曝險。我和我爸當然不時在賣股，但我們倆不
曾是淨賣方；換言之，我們賣掉 IBM，會改買蘋果電腦，不是
改投資風險較低的債券或拿去吃吃喝喝。凡是手頭有餘裕 ——
可支配現金 —— 可供未來投資，而非近期消費之用的人，投資

圖 8.1　40 歲人的資產配置

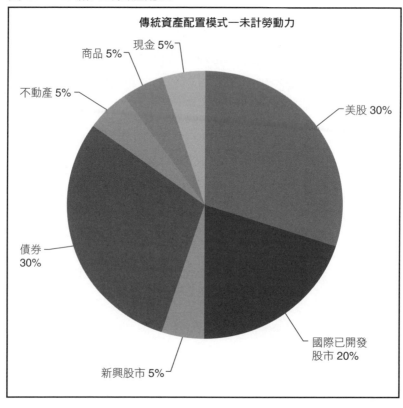

天期多半足以長抱股票。

　　圖 8.1 和 8.2 比較了沿用或修改傳統資產配置的影響。此
處的情境是，40 歲男性的家庭，累積了約 76,000 元的資產。
運用傳統資產配置模式，會得到圖 8.1 的建議配置資產。

　　但這樣短視的資產配置法，只考慮了金融資產，結果較不
理想。照傳統配置模式建議的項目投資金額，但運用家庭有限
公司淨值的定義，納入稅後勞動力、稅後社會安全給付和主要
住宅，結果會得到很不一樣的資產配置，如圖 8.2 所示。

　　圖 8.2 顯示，多數家庭在勞動力的配置已不成比例，而且

圖 8.2　家庭有限公司淨值資產配置模式（40 歲人）

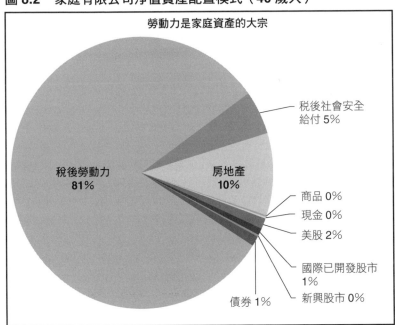

這項資產除非用掉，否則沒辦法分散。目前姑且說，傳統的策略性配置有很大的漏洞，第 16 章則會討論針對傳統資產配置模式不足之處的具體做法。

戰略資產配置 —— 根據近期市場調整

除了建議策略配置，投資專員和業者經常建議要搭配戰略配置一起用。把策略配置比喻成抵達長期財務目標的路線圖，那麼戰略配置就是途中的短程改道 —— 沒事最好別繞路。戰略配置一般是根據各種資產類別的相對強弱，微幅調動策略性配置目標，通常是上或下修 5 或 10 個百分點。實務上，這類建議是根據近期的看法，修改一項資產類別的百分比目標，是一種市場擇時的手法。

戰略配置聽起來很棒，看準 2000 年網路泡沫、2007 年信貸泡沫、2008 年商品泡沫出手，不是很好嗎？但這手法背後用來預測資產類別績效，進而做成決定的模型，可說極為複雜，問題很多，例如：放進資產類別收益率、總經訊號、基本面價值訊號、動能和投資人情緒訊號的高深計量模型。

很少證據顯示這樣的模型具有預測力，或真的能幫到投資人，而且戰略配置通常會衍生附加的費用和稅捐。最後採信戰略配置建議而選擇「空手」的成本，可能非常高昂。股市常出現重大的一日行情，可能是利多，可能是利空。一項 Vanguard

的 15 年期研究指出，十個最佳和最差的日子，分別占這期間總
報酬的 30% 和 33%。換言之，每一千天當中有二天，就占總報
酬將近 30%——聽信市場擇時而空手可能剛好就碰到了。這種
稍縱即逝的大行情，隱含成因可能是外生因素，如 911 恐攻、
雷曼兄弟倒閉，因此總經訊號可能根本預測不到。

特別的資產類別

　　總結資產配置和相關性的概念前，要稍微更深入介紹二種
特別資產類別，因為不同於股票，這二者可能不適合家庭有限
公司的投資組合。

商品

　　許多傳統資產配置模型會在資產組合納入商品。貴金屬、
石油、天然氣、農作物之類的商品，因為和股債沒什麼相關
性，而且在通膨環境表現很好，所以被視為有利的投資項目。
不過基於二個原因，我不建議家庭有限公司的投資組合納入商
品：

　　1. 商品按定義，只有內在價值有變化才會增值，不像股票
　　　　和債券，持有期間不會產生現金流量。
　　2. 家庭有限公司的投資組合已適度握有抗通膨的部位，如

稅後勞動力、稅後社會安全給付、股票，還有自住不動
產等，長期都可能隨通膨而增長。再者，拿黃金這項商
品來說，長期歷史報酬的吸引力並不特出。第 10 章會看
到，考量通膨後，黃金的長期複合年報酬，大約是 0.7%。

3. 假使財力雄厚，令勞動力、社會安全給付、自住不動產
占家庭淨值的比率，顯得微不足道，那麼添加商品曝險
就能提供分散，獲得無相關性帶來的效益。但是即使有
意增添商品曝險，我建議持有原物料事業的類股，而非
商品本身。這類企業與標的商品的相關性很高，可做為
通膨避險之用，而且除商品增值機會外，還會發放股
利，提供現金流量。假如想用黃金做通膨避險，買金礦
類股，而非黃金。

話還沒說完。即使覺得需要商品來做通膨避險，建議不要
碰黃金；我自己偏好流動性高、如黃金以美元計價，但本身要
具備實質內在價值的商品，不要像黃金那樣，充其量是一種通
貨，例如：石油、天然氣、銅或銀。

不動產

考量很多家庭會購置主要住宅，這項資產類別是多數家庭
投資組合的顯著成分。雖說家庭會把住家列入淨值，但在做資
產配置決定時，往往會忘了有這件事。住家在投資組合裡，雖

是很大項的資產，卻不見得是有利的投資。不管是買來常住或度假用，購買不動產應該都要同時視為投資和消費的決定。很多不動產的投資，雖然歷史績效很漂亮，基於若干原因，未來很可能急轉直下。持有不動產會產生各種隱藏成本，如維修、稅捐、草皮養護、家具和水電等，常住的住宅和度假用的別墅，沒有帶來什麼收入，但往往產生不少的持有成本，如房貸繳款和房屋稅等。不動產流動性很差，脫手常要花上好幾個月，而且仲介和轉讓費用就可能吃掉資產價值的 7%～8%。

　　長期來看，不動產的增值率，很可能接近通膨率。過去幾十年，美國和全球的不動產投資人，受惠於降息、嬰兒潮的高檔需求、創新金融產品增加大批買家、政府減稅補貼、房地美（Freddie Mac）與房利美（Fannie Mae）等機構的財務支持，但這樣的情境不太可能重複。何況 1975～2005 年間，房價在如此有利的環境下，通膨後年增率僅接近 2%。放在更長的期間來看（1890～2000 年），美國其實沒有什麼實質房價增值。基於合理的通膨和增值區間假設，實質不動產報酬很可能不如股票報酬：流動性差、隱藏成本高、麻煩多，而且損失風險高。

做自己的人生財務長

　　做好分散並受益於持有不具相關性的資產，是穩健投資策略的核心。分散的效益是投資人少數能「白吃的午餐」，因為波動性變小，預期報酬未跌。

　　多數投顧業者通用的資產配置模式，有其不足的地方。這類模式：(1) 沒有通盤考量家庭有限公司持有的全部資產，包括勞動力、社會安全福利和自住不動產；(2) 低估了多數家庭的投資天期；(3) 按占投資組合的百分比來配置固定收益的投資資金，而不是依照預期開銷的金額數目。

　　與傳統模式相比，家庭有限公司的架構運用資產配置模型的原理，將會顯著提高股權類的曝險，同時顯著降低債券和不動產的曝險。

第 9 章

資產管理必須關注的目標

　　談起投資，很多人會特別著墨「走運」或「翻身」的經驗，強調自己短短時間內就賺了幾倍。這種話題當故事聽聽就好，對投資組合的績效目標沒多大實際用處；跟你在進行的資產管理活動比較攸關的指標，是看**投資組合扣除費用、稅金、通膨後的長期報酬**，報酬的算法採用內部報酬率（IRR）。這個指標凸顯投資報酬的組成成分裡，有些變數必須要主動管理，即：

必須要主動管理的變數

總報酬

　　IRR 首先取決於總報酬，即累計你投入現金流量的損益。影響總報酬的因子包括：

　　1. 資產類別組成：你投資固定收益或股票？

2. 資產類別的績效：相對於同類資產，你的投資項目或挑
　　選的經理人，績效如何？ *

3. 投資的部位：你主動管理多大的資產規模？

　　我把投資項目定義為帶有風險的資產，風險可能來自信
用、資本（虧損的可能性），或存續期間（像 30 年期的證券，
日後條件生變的可能性）。沒有投資項目不見得就是零報酬，
我認為存款保險保障的銀行戶頭、到期日短於 90 天的國庫券，
還有貨幣市場基金，都不能視為投資項目，因為幾乎沒有信用
或存續期間的風險，報酬率也低到不行。照此定義，投資部位
介於可投資資產總數的 0% ～ 100% 之間，利用信用交易，甚
至可上看 150%；換言之，你名下有 100 塊錢，但可做 0 ～ 50
元的投資。

通貨膨脹

　　這項變數雖令人束手無策，卻會侵蝕資產的購買力，扯實
質報酬的後腿，所以必須要在定義投資目標時，納入考量。加
入通膨後，不僅投資策略，維持家計所需的金額數量也會受到
影響。

---

* 個別證券或個別經理人的績效高出業界平均績效的部分，調整持有的風險
　後，稱為阿法（alpha）。

稅捐失血

稅金對投資組合績效的影響不容小覷；投資策略不同，稅金的效果也差很多。長期利得的稅率可能上看30%，短期（持有不到12個月）可能高達50%，視你的所得跟稅籍而定。高稅率會課在固定收益的利息，或股票的短期資本利得身上。基金公司 Vanguard 做過研究，比較各種投資策略後，主動管理型基金的年稅金成本，中位數是投資資產的1.9%，相較之下，指數型基金因為較少進出，應稅利得較少，年稅金成本的中位數只有1.09；換算來看，一筆100,000美元的投資，每年差別高達830美元。成分是股票的ETF（指數股票型基金），稅捐效率更高，因為不用賣股應付贖回，股利是這類標的應稅收入的大宗。投資策略和隨之而來稅捐，真的不能不察！

費用失血

投資產品的管理費、獎勵金和作業費用，是另一個拖累績效的因素。這類收費名目很多。主動管理型基金往往對投資人，收取管理資產0.5%～1.5%（50到150個基本點）的年管理類和作業費用，而指數型基金的費用負擔一般較輕，介於5到80個基本點。

投資低風險、流通好的證券，像是公債、公司債和美國大型權值股的基金，收費最低廉；反之，專門針對新興國際市

場，如巴西、俄羅斯、印度和中國的基金，收費最高昂。有的主動管理型基金，如避險基金和私募基金，往往還有一項績效獎勵金，通常是超過最低報酬門檻的利得的 20%，當然少不了管理費，通常是 2%。

看占總管理資產的百分比，0.5% 或 2% 好像沒什麼，換個角度，改成看占增值的百分比，就不是這麼一回事了。比方說，美股二個世紀以來，長期實質增值平均值是 6.5% 左右；也就是說，2% 的費用會吃掉近三分之一的利得。

讓你白白漏財的孔隙

圖 9.1 比較低成本和高成本的策略，從總報酬、通膨調整（實質）報酬以及通膨後費用後報酬率，來看稅金、費用和通膨失血的 30 年累積影響。低成本策略是假設管理和作業費用占 0.5%，年周轉率 20% 且屬應稅長期資本利得；高成本策略則是假設 2% 的管理和作業費用，年周轉率 100%，其中 50% 屬應稅短期收入（因投資人的利率和稅率差異大，故比較時排除股利和利息；股利和利息收入的稅金會進一步壓低淨報酬）。

如圖所示，這些漏財的失血，使得你的實質購買力，比總報酬減了 25% 到 90%。預期總報酬愈低，失血吃掉的百分比愈高，後果更可觀。

改成看金額，後果更明顯。圖 9.2 顯示相同報酬情境下，1

圖 9.1　三種總報酬情境 30 年的平均年報酬（IRR）

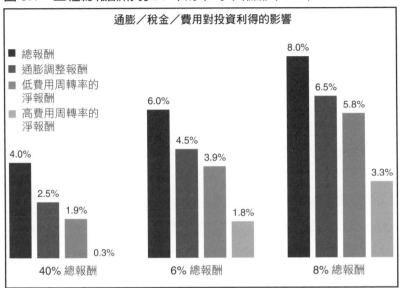

通膨／稅金／費用對投資利得的影響

- 總報酬
- 通膨調整報酬
- 低費用周轉率的淨報酬
- 高費用周轉率的淨報酬

8.0%
6.5%
6.0%
5.8%
4.5%
4.0%
3.9%
3.3%
2.5%
1.9%
1.8%
0.3%

40% 總報酬　　6% 總報酬　　8% 總報酬

圖 9.2　三種總報酬情境 30 年後的價值

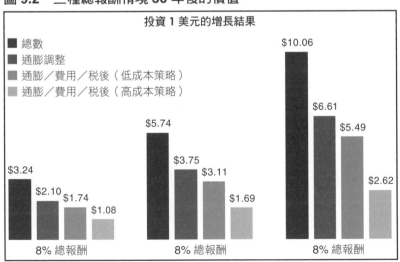

投資 1 美元的增長結果

- 總數
- 通膨調整
- 通膨／費用／稅後（低成本策略）
- 通膨／費用／稅後（高成本策略）

$10.06
$6.61
$5.74
$5.49
$3.75
$3.24
$3.11
$2.62
$2.10
$1.74
$1.69
$1.08

8% 總報酬　　8% 總報酬　　8% 總報酬

美元經過 30 年的增長。

　　通膨、費用、稅金的失血，在複利效果的長期作用之下，影響非常可觀。例如：在圖 9.2 的 6% 總報酬情境，即使用低成本策略，總增值仍被吃掉 45%，高成本策略甚至吃掉 70%。

做自己的人生財務長

　　資產將來的購買力，是扣掉通貨膨脹、稅金和費用後的結果。這些漏財之處將會吃掉為數甚多的總報酬，大大侵蝕未來的購買力。

　　有鑑於此，家庭資產管理活動的原則之一，是極小化這些漏洞，使稅後、費用後的實質報酬極大化。

第 10 章

從歷史得出合理的假設

　　巴菲特早就說了，過去的績效要是能夠預測未來績效，那富比世的富豪排行榜應該都是圖書館員。雖說如此，回顧歷史報酬（有時要看到很久很久以前），能提供各項資產類別相對表現的有用指引，並且對未來表現形成若干合理的預期。本章要分析歷史的資產類別報酬和波動性，進而探討對家庭有限公司投資策略的涵義。

　　除個人投資經驗的心得外，我在這方面的思考也深受傑諾米・席格爾（Jeremy Siegel）和大衛・史雲生（David Swensen）二位當今最傑出的投資理論作者的影響；關於資產類別行為的結論，想知道更多支持數據和背景理論的話，可以參考這二位大師的著作。本書目標讀者是實作人士——家庭財務長——內容則著墨在應該做什麼，席格爾和史雲生的著作，則是進一步指出這些建議為什麼有憑有據的道理。

把投資時間拉長，有更好的報酬

　　圖 10.1 是說，雖然股票的波動性顯著高於公債和國庫券，一旦拉長時間來看，幾乎一直可以繳出更好的績效。

　　這項比較與背後的數據，對於彰顯股票的相對優點，提供了不少有用的見解：

- 二百年多來，調整通膨後，股票的複合年總報酬（股利加資本利得），比長期公債多出三個百分點。股票除在二百多年間，穩定繳出優於債券的績效，在二戰後每個主要經濟時期，表現也都勝出。

- 若看完整樣本期間，股票的實質複合年總報酬，比短期政府債券高出近四個百分點，而且幾乎每個子期間的表現都較優，唯一例外是 1966 ～ 1981 這段樣本期間，股票是 -0.4%，短期政府債券則是 -0.2%。

- 股票的優越長期報酬，代價是較大的價格年波動率。另一方面，公債的波動性則源自標的利率的變化，一來幅度較小，二來投資人可改買抗通膨國庫債券（TIPS）予以規避，減輕波動的代價是大幅折價，比如說 2016 年，10 年期 TIPS 的收益率是 0.6%，同級的 10 期美國公債收益率則是 2%，相當於打三折。附帶一提，1802 年～ 2012 年間，股票的實質報酬也大幅領先黃金，一年可多賺 5.9 個百分點。

圖 **10.1** 投資 **1** 元在 **1802-2012** 期間的通膨調整增長

資料來源：傑諾米‧席格爾《長線獲利之道》，第五版。

　　我們大可說，長期看來，市場穩定多給股票一筆固定收益所沒有的實質風險溢酬。過去 150 年，股票的表現只有在一段 30 年的期間 *，輸給固定收益證券。另外，投資人會從股票多

---

* 指截至 2011 年為止的 30 年，原因是利率持續走跌，使固定收益表現大幅超越長期平均值，而非股票表現積弱不振。

賺一點報酬，並不是美國特有的現象。除幾個時期和地方外（如 1990 年到 2015 年的日本），股票的風險溢酬在主要的已開發和新興市場，都已經存在超過一個世紀了。研究全球報酬發現，1900 年到 2012 年間，19 個國家的年報酬平均為 4.6%，全球股票相對債券的平均溢酬是 3.7%，美國則是 3%。適度把期間拉長，全球分散股票投資組合的投資人可望從溢酬獲利。

波動性長存，要認真看待的風險

顯然，投資人持有股票的報酬相當不錯，可是代價是短期波動性高出不少。一項研究分析多種可能資產組合長達 80 年的年損益，組合的股債配置介於全部債券沒有股票，到全部股票沒有債券，結果發現，全股組合的年報酬約落在 40% 到 -40%之間，不過極端的情況很罕見。80 年樣本期間，只有 10 次年損失超過 10%（或占全部情況 13%），這 10 年的平均損失約為12%。賠錢令人倒胃口，幸好只是小巫，賺錢才是大巫。樣本期間有七成的年度，股票都有賺到錢。

資產價格波動性是投資人在管理資產時，必須要認真看待的風險，雖說如此，一般而言，這項風險會被高估。事實上，股票每年的價格起落，的確大於債券和國庫券，但這種衡量大部分算是學術上的探討，因為普通人的投資天期，通常非常漫長，即使快退休或已退休的家戶亦然。圖 10.2 的三張圖表，顯

圖 **10.2**　不同 5 年期報酬變化

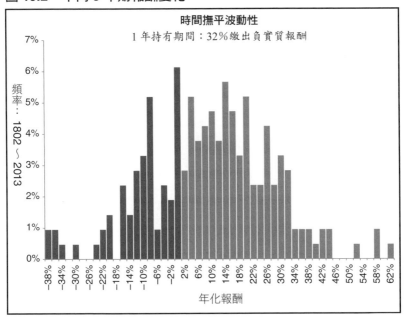

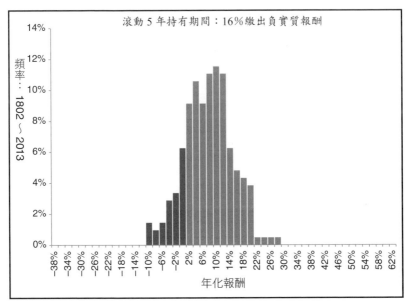

圖 10.2 不同 5 年期報酬變化（續）

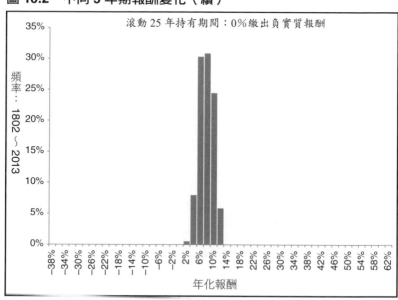

資料來源：jeremysiegel.com 的數據。

示股票的波動性，隨時間拉長大幅減低。

一年期報酬的波動率，遠高於 5 年期的，5 年期則高於 25 年期。換言之，一旦把天期拉長，預期年化長期報酬不變，為此要承擔的波動率則必定會降低。事實正是如此，如圖 10.3 所示，看 30 年的話，漸減的波動性使得股票的風險低於債券和國庫券。

有鑑於超額績效的頻率，和報酬相差的幅度 —— 股票提供的實質報酬可達固定收益的二倍之譜 —— 持有期間愈長，股票

圖 **10.3**　通膨後報酬的平均年波動率

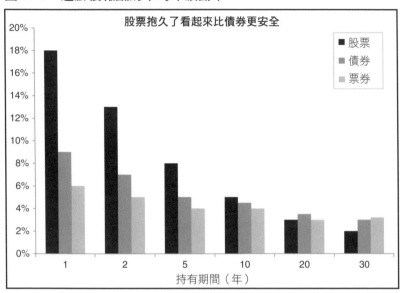

資料來源：Jeremy J. Siegel, The Future for Investors: Why the Tried and the True Triumph Over the Bold and the New(New York: Random House, 2005), 174.

的優勢愈證據確鑿。

　　雖說常年承受波動的投資人，久了通常就能獲得回報，這仍是必須要主動控管的風險。具體來說，資產價格波動性會排擠到家庭財務長在其他資產管理活動的風險承擔數量，例如：運用投資槓桿、負擔房貸等長期固定債務，及失業要動用的避險流動性投資項目數量。

該不該借錢？

　　要是股票績效一直以大比分領先固定收益，而且長期波動性相對算低，那麼借錢不就是審慎的舉動，像是跟券商融券融資提高股票曝險？其實歷史報酬分析，以及深思熟慮的學者，如席格爾，真的是這麼建議投資人。許多避險基金和另類資產帳戶，如槓桿收購基金，正是在操作槓桿——借錢——來提高報酬。席格爾建議風險容忍度高、預期持有天期超過 10 年的投資人，要運用的槓桿比率大約是組合的 10%～40% 之間，相當於股票部位是投資款項的 110%～140%。我雖然同意席格爾的前提——審慎槓桿是好事——但建議要謹慎運用到家庭活動，畢竟家庭可能已經舉債添購房車等資產。第四節會繼續討論，目前姑且說，槓桿操作對流動性寬裕且投資天期長的投資人來說，可能是審慎的手法。

稅對股票的影響

　　考慮稅負的影響後，抱股的理由變得更堅實。現行的租稅政策，對利息和短期資本利得課徵高達 39.6% 的聯邦所得稅，外加因地而異的州所得稅率，全部稅金加起來，可能上看 50%。再者，長期資本利得和多數股利則適用 20%～30%（視所得水準）的資本利得稅率。圖 10.4 顯示，以最高稅率課稅

圖 **10.4**　稅捐效果：**1871-2012** 稅後實質資產報酬（複利年報酬）

期間	股票 稅級				債券 稅級			
	0	$50K	$15K	最高	$0	$50K	$15K	最高
1871～2012	6.5%	5.2%	4.7%	4.1%	3.0%	2.0%	1.7%	1.2%
1982～2012	7.8%	5.5%	5.3%	5.3%	7.6%	4.8%	4.4%	4.3%

期間	國庫券 稅級				地方公債	黃金	CPI
	0	$50K	$15K	最高			
1871～2012	.6%	0.8%	0.1%	-0.4%	2.2%	1.0%	2.0%
1982～2012	1.6%	0.1%	-0.1%	-1.7%	3.4%	1.8%	2.9%

資料來源：傑諾米・席格爾《長線獲利之道》，第五版。

後，股票和固定收益的實質稅後報酬雖都失血，但固定收益被課的幅度較大。

理論與真實世界應用

　　不管是增加或保有稅後購買力，持有股票都優於固定收益，我們對背後的支持論據已多所著墨，但真的要落實策略時，投資人仍難免有抗拒之意。我跟我爸針對這件事情，不知道討論過幾次，他就是那種滿手固定收益，部位大到我認為沒道理的投資人。每次我引用學術研究和理論來支持我的結論，他就會回我：「理論沒什麼，又不能吃。」

　　對我爸還有全體投資人來說，有個好消息，這個極大化終

身股票曝險的策略，在真實世界的應用，實際上比理論所認為的還要好，這是因為一個人終身現金流量發生的型態，是在人生前 40 或 50 年存錢，然後在接下來 20 或 30 年用完積蓄，這樣一來，遇到的情況是：

報酬高於預期

本章前面提到的長期報酬，是假設一共只做了二筆交易算出來的：1802 年投資，期間股利自動再投資，2012 年賣掉。不過真實人生的情況，一個人在二十幾歲到六十幾歲之間，每年很可能做好幾筆投資，四十年下來，出手買進的次數可能有上百次。這其實就像是定期定額投資，在市價走跌時多買，市價走揚時少買。類似地，一個人退休後，不會一次清空部位，而是分很多年逐漸變賣組合。這種定期定額投資的結果，是在 60 年的投資期間內，產生 7.1% 的平均年實質報酬，比前面 1802 ～ 2012 年完整期間的股票年報酬還多出半個百分點。

圖 10.5 顯示股票在現實情況表現會有多好。這裡假定一個人從 25 歲～ 65 歲，連續 40 年每年投資 10,000 美元，然後接下來的 19 年，每年從 65 歲時的組合提領 5% 的金額，並在 85 歲時一次分派剩餘價值。圖上的三條線顯示，自 1841 年起投資人在 40、50 和 60 年的期間，各年所實現的平均年報酬。*

圖 **10.5 實質終身報酬**

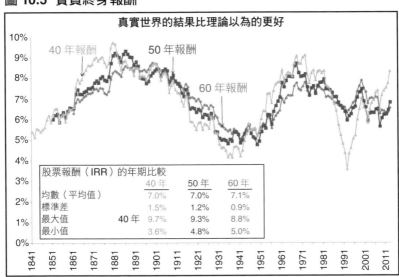

波動率隨持有期間延長而降低，相較於一段期間只一進一

波動率低於預期

如圖所示，40、50 和 60 年期間的股票平均複合實質報酬
約是 7% 左右。舉例來說，60 年期間的波動率（採標準差）是
0.9%，意謂報酬有 68.2% 的機會會落在 6.2 ～ 8.0% 之間，有
95% 的機會會落在 5.3% ～ 8.9% 之間。你在 60 年期間不會看
到複合實質報酬出現低於 5% 的情況。

出的情況，家庭在生命週期內定期買進賣出，進一步減少了波
動性。租稅也會減低波動性，當投資獲利，一部分得分給政府；
當投資虧損，可抵本期或未來利得，對波動性有減輕的作用。

市場起落時，像企業家一樣思考

　　高股票曝險的建議，雖有邏輯和紀錄歷歷可考，許多人還
是過不了風險這關，投資組合有可能一年跌掉 40% 這點，就
像生命中不可承受之重。若屬這種心臟比較小顆的投資人，我
會鼓勵你「裝死」，別理會市場每天、每年的價格走勢，別那
麼像「投資客」，而要像個企業主。許多成功的企業家，都是
放長線釣大魚，不以幾個季度或幾年的成敗論英雄，而是放眼
數十年。這些企業主不著眼於股價，而是獲利和現金流量的成
長；不看重投資客在某月某日對自家公司股票出的價錢，因為
企業才是事業所在，即使終身投入，也是甘之如飴。企業家寧
可因為公司每年賺進正數現金流量、風險減少了，而且淨值上
升而感到欣慰。企業家很清楚，經營一家獲利和現金流量持續
增長，同時又為顧客提供有用服務的事業，等到賣掉那天，就
會看出這項資產的價值。

　　投資人其實很有條件，表現得像個企業家。比方說，買進
一股 S&P500 的 ETF，當然不是像表面上買了一張反映行情跳
動的憑證那麼簡單，而是買下了指數每家成分企業的一小部

分，包括蘋果電腦、微軟、ExxonMobile、J&J、通用電氣、富國銀行、波克夏海瑟威、AT&T、輝瑞、亞馬遜、Facebook、Google、寶僑、迪士尼、可口可樂、家得寶、英特爾、沃爾瑪、麥當勞、波音……這些成分公司的牌子老、管理好、資產負債表強，產品和服務的版圖，涵蓋眾多的產業和客戶。投資 S&P500 就像另外開一家不輸它們的公司，差別在於你的事業更為分散，也比較不可能長期輸給大盤表現。

如第 5 章評估潛在雇主的邏輯，到頭來，是一家公司的成長和收益決定投資之人的利得。同理用在涵蓋諸多成分企業的指數。S&P 500 指數這幾年績效很差，年報酬下探 -45%。價格波動雖不小，但成分股加總起來的獲利，自 1870 年代指數編製後，沒有哪一年是負數。再者，S&P 沒有一年沒發放股利。長達近 150 年的歲月裡，沒有哪一年沒獲利，或沒發放股利給股份所有人！收益和股利每年跟著大環境上下起伏總有吧？這當然。但企業主深知，公司的長期價值（投資也是）不是看某一年時運不濟，而是看數十年的成績和設想的現金流量。換一個天期來看，S&P 企業就變得無懈可擊。

1870 到 2014 年間，S&P 500 每年有 1.8% 左右的實質複合年收益成長，七成的時間，10 年期間的實質收益成長都是正數，即使碰到收益減少，幅度相對偏小。10 年期實質收益減少，最大幅度約是 15%（平均每年 1.5%），這情況出現在 1921-1930 年間的榮景到大蕭條期間。話說，即使是這樣的慘

滄歲月，S&P 企業依舊繳出正數收益和現金流量，並發放股利給股東。1870～2014年間，S&P 500股利每年平均成長1.5%，實質股利減少幅度最大的年頭，是在 1970 年代，平均每年減幅不到 1%。換言之，股價固然會波動，但價格背後的長期現金流量和股利成長，可說一向扎實堅韌。

身為投資人，很容易就會因為市場行情的起落而失了分寸，把自己想像成企業主，就會看出，S&P 企業鐵定會獲利，並且會發放股利，年復一年，沒多大分別。因為放長線的話，收益和股利可說相當穩當，很有機會增長，所以大可對行情波動「裝死」，什麼都不用做。光憑市場今年回報不比去年這點，不代表你做的資產管理活動，就變得比去年差勁，充其量，這代表你可能要把投資活動的天期拉長一點，好繼續從收益和股利成長獲益，直到找到中意的下家來接手。

結合歷史與今日環境

已知歷史上，長期實質全球股票報酬每年有 5.5% 左右，並考量個人支付費用和稅捐的差異後，本書多數的分析都直接假定，家庭賺取 5% 的稅後費用後實質報酬。這麼做方便我們展開探討，並導出投資人在過去兩百多年，實際上用一個按全球股市市值權重配置的投資組合，賺到的報酬多寡。雖說這分析不一定能對未來報酬做出準確的估計，畢竟包括我自己在

內，沒有人有辦法精確說中將來的報酬。不過歷史的報酬和
波動率數據，肯定可用來預測實質報酬的區間，而且有機會說
中。比如，我一方面對接下來 30 年，實質全球報酬每年能賺
到 5.5% 這件事完全沒把握，另一方面，以史為鑑，實質全球
報酬落在 3.5% ～ 7.5% 之間（平均值加減一個標準差）這項預
測，讓我說中的機會有 68.2%，而且有 84% 的機會，報酬會高
於 3.5%。

　　統計學上這麼算沒問題，可是 3.5% ～ 7.5% 有段距離，
從理財的角度，這落差經年累月下來，會是一筆巨大的財富創
造差距。這區間照樣可從威脅和機會的層面來探討。目前的世
道，正面臨幾道顯著的逆風：估值高、赤字和國債使成長前景
難以為繼、全球衝突不斷等。另一方面，全球經濟成長看好的
機會則有新興市場持續擴張、利率和通膨率的長期展望、大環
境延續市場經濟和重成長的政府政策。企業、技術和能源的創
新，將持續促進全球增長。

　　評估這些風險和機會對未來報酬的影響之時，最好是將股
票報酬的來源分成：股權自由現金流量、盈餘的成長，及投資
人願付價格（本益比）改變的價差。

　• 股權自由現金流量 * 能以二種方式發放給投資人：(1)

---

* 股權自由現金流量是衡量扣掉所有現金的費用、稅金、再投資、淨借款後，
　餘下能支付給股東的現金數量。

發放給股東做為持有報酬的股利；(2) 買回流通在外股
份。近年 S&P 500 股利的年收益約為 2.25%，歷史平均
值則約 4.4%。庫藏股通常會讓第二項價值來源每股盈餘
（EPS）提高。

• 盈餘的成長。150 年來，S&P 500 每股盈餘的實質年成
長率約為 1.8%，且一般與長期經濟成長具備相關性。

• 投資人願付價格（本益比）改變的價差。S&P 500 的本
益比，近來約是年度盈餘的 20 倍，高於 150 年平均的
15.5 倍。目前的 20 倍本益比，雖比過去高，有一部分是
因為超低利率環境，加上金融資訊、流動性相較過去提
升，交易成本降低，以及資本的所得稅待遇，相對優於
利息的關係。

上述的因素中，我認為目前市場估值，還有連帶遭拉低的
股利收益率，是最大的投資人風險。雖說報酬首要取決於長期
股利和盈餘成長，本益比欲振乏力的估值壓抑情況，很能會略
為拖累未來報酬。綜上，假設每年 4% ～ 5% 的長期實質報酬
可說合理，也沒超出根據歷史數據做的區間預測。市況起起伏
伏，但一位令人滿意的理財顧問，應有能力視你的個人稅捐和
費用條件，帶你安度歷史績效和未來預測的斷口。

看金額，而非百分點

　　本章呈現的歷史績效，言之鑿鑿地向你指出，股票的預期長期報酬，比其他資產類別來得高（稱之為「股票風險溢酬」），同時預期內部報酬率的波動性，將隨著投資期延長而降低，這裡的意思當然不是說，股票投資人完全規避掉風險，或倖免於虧錢賠本的下場，不過的確有讓股票投資人，在生活開銷和金融債務看的是購買力，而非百分點的真實世界裡，更具備預測的能力。

　　想想我跟我爸的情況。假設全球實質股票報酬是 5%，我爸以 5 年為期做打算，從圖 10.3 可知，他的預期報酬很可能實現 8 個百分點的波動率（標準差）；相反地，我以 30 年為期做打算，這時波動率只剩下 2 個百分點。表 10.1 顯示，我跟我爸在 95% 機率之下的成績範圍（亦即 95% 的時候，我倆報酬都會落在這個高低報酬範圍內）。

表 10.1　從百分點來看的父子將來

	我爸	我
年紀	80	45
時間長（年）	5	30
預期實質內部報酬率	5%	5%
報酬波動率（標準差）	8%	2%
最高預期報酬	21%	9%
最低預期報酬	-11%	1%

　　表 10.1 乍看之下，我的風險跟上檔空間都小很多，我爸預期在 5 年持股期間，年化報酬落在 -11% ～ +21% 之間，我的則窄得多，落在 +1% ～ +9% 之間。不過換個角度，改成看金額的話，同樣的內容卻能說出截然相反的故事。

表 10.2　從金額來看的父子將來

	我爸	我
投資額	$10,000	$10,000
時間長（年）	5	30
預期終值	$12,763	$43,219
最高終值	$25,937	$132,677
最低終值	$5,584	$13,478
預期終值差額	$20,353	$119,198

　　表 10.2 顯示，因為錢滾錢的複利效果，即使我的績效區間從年化報酬來看，比我爸窄很多，我的財富數字區間反而大很多。投資期結束時，我爸預期拿回 6,000 ～ 26,000 元，好壞相差 20,000 元。而我卻能預期拿回 13,000 ～ 133,000 元，好壞結果的差距來到 119,000 元。

　　從前面的章節，有三點心得務必要牢記：

1. 報酬的波動性會隨時間長而降低。
2. 因為複利的威力，報酬變異的影響會隨時間長而增加。
3. 一定要把投資成果換算成真實世界的金額，才能看出理財規畫的務實意義。

做自己的人生財務長

多數投資顧問用了不對的想法來定義客戶的風險胃納和相應的資產配置。風險胃納不是光看捉摸不定的個人性格，訂出個量值出來就算數了（然後等到成績單不好看，才拿出來怪罪當初的投資配置決定做得不對），而是應該根據將投資變現花用之前的預期投資期間而定。正確的想法是預期投資期長的投資人，有高風險的胃納，而短進短出的人，有低風險的胃納。

對預期投資天期很長、看重實質稅後和費用後購買力的投資人來說，風險報酬間沒有抵換的關係。股票提供更高的預期報酬和更低的風險。

股票價格可能每年起伏很大，但把天期拉長來看後，波動性削減而且預期總報酬較高的性質，實際上讓做好分散的股票投資組合，變得比債券較不具風險。

股票和債券的差異租稅待遇，使得稅後來看，股票贏過債券的「勝差」變得更大。

不應該把長期公債和政府票券，視為賺取投資利得或收入的資產選擇，而是要當成提供流動性及短期到中期保本的地方。

全球來看，債券長期通膨後報酬每年約 1.5%；調整稅捐後，對多數家庭這數字接近 1%。

調整通膨後，歷史上美股和全球股市的長期複合報酬，稅前和費用前各是 6.6% 和 4.6%。沒有理由一廂情願認定美股將會一直打敗其他外國市場，反而比較有可能迴歸均數；加上全球大環境條件昨是今非，所以審慎預期的報酬應該低一點。鑑於當今市場環境，未來績效數字的合理預測值，是考量個人稅捐和費用條件之後，賺取 4% ～ 5% 的全球實質複合報酬率。

比起絕對績效，預測股債的相對績效，確信度更高。長期來看，股票高出債券的實質全球溢酬，一直維持約 4 個百分點，表現穩定到令人驚訝。知道後，你大可放心，無論未來怎樣，股票實質的購買力長期成長，非常有機會超過固定收益：投資人將會持續收到承擔短期波動性的報酬。

第 11 章

慎防重大風險，如何避險？

　　家庭有限公司在做投資時，各種資產類別的歷史風險報酬是很有用的決策架構，價格波動率無疑是必須考量的重點，但不可僅止於此。第 6 章提過，對家庭有限公司來說，最大的災難是家庭成員因失能或身故的勞動資產（工作的潛在價值）減損。幸好保險能減輕這項風險，其他家庭有限公司要對付的主要風險包括：金融資產的減損、通貨膨脹和短絀的風險。

　　資產減損，是指一項投資的價值永遠減少，也就是說，不少甚至全部的投資從此不見了。常見的例子有自有企業倒閉、房子遭法拍或個人破產；減損常發生在投資未上市標的的情況，所以為補償這份風險，還有顧及頓失流動性，投資客一般會要求比較高的投資報酬率。但在多數主要投資為住家或家族事業的家庭，若管理經營得當，減損的風險相對是比較小的。

　　通貨膨脹是家庭資產的顯著風險。通膨侵蝕未來的購買力，以致得要用更多的淨值來支應退休之需，加上資產價格在通膨攀升期間通常會走衰，所以威脅其實還更大。因為作用緩

慢，通膨動輒遭到輕忽，但長期來說，通膨的購買力風險，其實大過資產減損的風險或資產價格波動率。過去 100 年來，年通膨率平均為 3% 左右，而且 83% 的時候，數值是高於零的。

　　還有看實質報酬（名目報酬率減通膨率）的話，各種資產類別的風險情況差異頗大。比方說，調整通膨後，1920 年代以來，股票只有一個 10 年期為報酬負，但國庫債（短、中、長期）約有半數的 10 年期報酬為負。

　　圖 11.1 顯示，不同資產類別的投資組合如何受通膨影響。看名目報酬（深色長條），100% 持有國庫券的投資組合從來不

圖 11.1　負報酬年度的比例

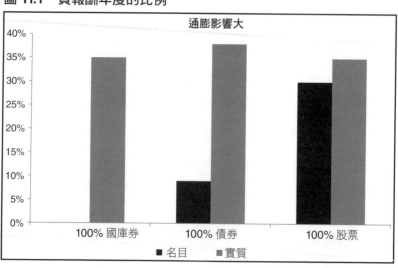

資料來源：Vanguard Investment Counseling and Research, "Portfolio Construction for Taxable Income," 4.

會賠錢，但考慮通膨後（淺色長條），超過三分之一的年頭，
其實是賠錢的。

通膨攀升跟市場報酬不佳高度相關。1926 到 2008 年期間。
股票、政府公債和國庫券的平均實質報酬，在任何通膨年增率
逾 1.5% 的年頭都是負值，反觀在通膨年增不到 1.5% 的年度，
平均來說是正值。此外，當通膨放緩，股票和政府公債的平均
實質報酬，表現優於長期平均。現實世界中，因果關係往往很
難建立，通膨的負面影響卻相當清楚，可說是決定實質資產報
酬的單一最攸關因子。

由於通膨不利所有資產類別的實質報酬，所以長期的投資
人的最佳選擇，是選取受害最淺的股權資產。雖說通膨也會拖
累股權資產的價格，但長期看來，股權資產可能藉由通膨灌水
的利潤和現金流量來保存價值；當通膨減輕，股權資產的估值
也會回升。股權資產的預期報酬不僅最高，還是對通貨膨脹的
最佳長期避險。

短絀風險是指個人或組織沒有足夠資金來支應特定負債的
可能性。這個概念很常被退休年金或捐贈基金的經理人，用來
估計履行保證義務的概率。在家庭有限公司的情況，短絀風險
（也可說成是**長命風險**）是衡量家庭或個人的餘命，超過積蓄
的金融資源所能支應的機會。這項風險較難以量化，一般要靠
蒙地卡羅之類的模擬方法來預測達不成特定目標的機率。雖說
這項風險取決於多個捉摸不定的假設，卻是家庭應該主動管理

監控的最重要單一風險因子。除了估算餘命超出積蓄的機率，
從長期退休規畫的角度，短絀分析還是評估不同投資策略相對
優點的良好工具。第 19 章會介紹簡單的短絀分析範例。

做自己的人生財務長

通貨膨脹對財務安全造成的威脅，大於波動率或資產減
損；短絀風險，即退休資金用罄，則是最需要保障的風險。

可惜，並沒有什麼完美的方法，能夠完全保障通膨的
威脅，但持有股票、不動產或商品等資產，能達成最佳的
長期避險。

為盡量減輕大額虧損的情況，非專業投資人應該不要
碰創投和未公開股票之類的資產，並且避免多元投資組合
未納為成分股的個股。歷來還沒有哪個指數真的歸零了。

第 12 章

債務，重要的投資工具

　　不管是拿來投資或周轉，債務都是家庭有限公司的重要工具。投資人一般認為債券、票券和定期存單等債務是安全的投資，反之對債務人來說，欠錢不是什麼好事，底下就來檢視這兩個說法。

債務或固定收益的投資

　　投資組合持有固定收益證券有二個好處：保值與流動性（容易變現）。固定收益證券的主要標的包括國庫券和國庫公債、地方公債與公司債（分投資和非投資等級），在投資組合發揮不同的作用。

國庫債券

　　第 10 章提過，1871 年以來，公債的通膨調整後長期報酬接近 3%，短期政府債券則落在 1.6% 左右，每年 1.4% 的差距，

是彌補因持有期間變長，風險增高，投資人對此額外要求的收益。稅後兩者分別降至 1.2% 和 -0.4%。

地方公債

地方公債的名目利率，一般略低於國庫債券，不過因為利息不用課稅，稅後報酬反而稍高，反映了增加的倒債風險（發債的地方政府無力按時償還本息）。

公司債

有很多種形式，除了反映倒債風險，以致報酬高於公債，基本上義務與公債雷同。這類證券的信用品質各異，收益亦然。高債信的發行人，付給的收益僅稍高於國庫債券，反之所謂的垃圾債券或債信差的發行人，付給的收益常加碼逾 10 個百分點。

我建議投資組合持有債券要依循六個原則：

1. 考量稅後實質報酬差強人意，債務證券的部分，我只會用到應急或預期 36 個月內要變現的資金，如拿來做大宗添購。投資組合在這部分首要考量是安全（低波動率）和流動性，而非增值。

2. 國庫券是兼顧流動性和保本的好選擇，你的債券組合應顯著持有這標的。這部分的資本預期會相對更早動用。

國庫公債的到期日較長。

3. 地方公債有免稅的利多，但信用風險較沒保障，我通常
   不認為高於國庫公債的溢酬，足以抵消增加的風險。若
   決定持有這項債務，我會將部分上限設在債券組合的
   25%。

4. 公司債也能適度提升債券組合的報酬。我建議只挑高
   債信的標的，並讓高債信的部位上限落在債券組合的
   25%。

5. 別碰垃圾債券，這類資產與你持有債券組合的旨意──
   安全和流動性──背道而馳。可是你要是有意承擔垃圾
   債券等級的風險，不如用高債信債券和股票來複製相同
   的風險報酬；因債券利息跟尋常所得一樣要課稅，這麼
   組合的租稅效率好的多了。

6. 由於這部分的投資組合，會用來支應近期消費，所以債
   務投資的加權平均到期日應落在 3 年左右，或改買涵蓋
   長天期投資標的，卻容易脫手的高債信債券型基金。

為家庭有限公司借錢

欠錢不是好事的觀念，在某種程度上是對的。如果債務是
用來支應多餘的開銷，用來購置可有可無的項目，那麼債務就
是壞消息，只不過導致更高的總消費成本。不過如果是借錢

來融通原本得花老本購置的資產，或者槓桿提高股票的投資報酬，那麼借錢就有可能變成一項有用的理財規畫工具。

融資投資耗本的資產

借錢來添購汽車、房屋等資產，可能是有利的做法。比方說，債信好的客戶在 2015 年時，5 年期車貸利率落到 2%，30 年期固定利率抵押房貸來到 4.5%。假設年通膨率 1.5%，房貸支出可扣減，這樣的融資行情分別相當於 0.5% 和 1.2% 左右的有效資本成本。假設實質長期股票報酬率每年約有 5%，對家戶來說，如此低的資金成本，就是很好「借用」的利差，這正是銀行賺錢的做法。例如：我想買間開價 100,000 美元的小房子，這筆錢要麼從投資變現，運氣好的話，投資部位有賺錢（但就要繳資本利得稅），要麼也可以辦貸款，如貸八成，自備 20,000 美元。

如果用現金買，房子所有權都是我的，但手上會沒錢，如果改辦房貸，借八成，投資不要變現，情況就變成假定通膨後、稅後、費用後的報酬率有 5%，80,000 美元的投資部位每年獲利 4,000 美元；4.5% 的房貸利率，減掉 1.5% 通膨和利息抵減後（在 40% 綜合聯邦與州的稅率區間可達 1.8 個百分點），借款成本 1.2%，相當於融資 80,000 美元，成本 960 美元。所以說，融資購屋，每年讓我多賺 3,040 美元（4000 減 960），因我的投資部分增長速率比資金成本快，這筆好處會利上滾

利，在房貸的融資期間，帶來顯著的利得，相當於一筆初年度本金投資為 3,040 美元的成長型年金。

融資槓桿提升股權報酬

融資投資可以買進更多股份，提高部分的報酬（和波動率）。證券商一般允許投資客融資部分價值的 50%，相當於 150% 的投資金額曝險。第 10 章有提過，能容忍波動率增加的長期投資人，可審慎融資來投資資產，替投資部位創造更大利得。理性上，我完全認同股票融資的好處，但這項槓桿必須與家庭的其他債務一起考量。實務上，我很少看到有人有辦法在經歷市場劇烈修正後（市場肯定會修正），仍能堅持這麼操作。

做自己的人生財務長

固定利息（債務）證券適合用在預期 3 年內要變現支用的部分。務必挑選高債信的債券型基金，或債券部分的加權平均到期日約為 3 年的 ETF。

避免單支的債券。除非口袋極深，這種標的很難適度分散，比起股票，債券更不適合做主動管理，因為投資人的預期報酬較低，績效變異性也較小。此外，單支債券的流動性，往往比基金或 ETF 差。

融資如果用在槓桿提高股票報酬，或融通原本得變現的投資部分，不見得不是明智之舉。

第 13 章

我適合主動或被動型投資？

　　我在主動操刀投資這件事上面，具備非常好的條件。我白天上班就是在投資；我訂閱多種情資和研究工具；出於工作、興趣和習慣，我幾乎天天盯著市場；我大學念經濟學，碩士念MBA；我廣泛涉獵經濟、市場和投資的內容。

　　你可能以為我真的是主動管理自己的投資項目。其實我沒有。我把大部分的錢投資在被動（指數）型策略，只有在特別需要主動管理的資產類別或市場，我才會主動進行管理，比方說，避險基金或私募股票。

　　我解釋一下。看完前面幾章，可以了解：

- 投資目標是極大化長期稅後、費用後的實質報酬。
- 合理的未來實質股票報酬預期是調整稅捐和費用後，一年賺 4& ～ 5%，隱含相對於公債的長期實質溢酬，大約是 3 ～ 4 個百分點。
- 良好的投資策略必須運用資產配置模型，於當中納入所

有的家庭有限公司資產，不限於投資項目，進而確保分散和風險極小化。

有了這三個觀念，現在就有能力來有效評估及取捨主動型和被動型投資策略的優缺點。

被動型投資的三種工具

被動型投資策略一般是透過三種投資工具來運用：指數型基金、ETF（指數股票型基金）、指數期貨。

指數型基金

基金是共同合資，委由基金經理人管理的投資工具。指數型基金的架構是簡單配置資金，複製 S&P 500、道瓊完全股市指數、完全國際綜合指數、巴克萊資本全球總合債券指數等標的指數的費用前報酬。比起主動管理基金，這項策略的優點是需要較低程度的管理，交易較不頻繁，連帶手續費、支出、租稅負債也比較少。基金的重要特徵，是每天只會以淨資產價值（NAV）交易一次，NAV 的算法是標的資產和負債的收盤價之和。當基金公司收到贖回股份的訂單，可能不得不出售標的證券變現支應，這種被迫的標的股份清算，會造成稅捐失血。

ETF

　　兼具多種指數型基金的特徵，但是跟股票一樣，於一天的
交易時段，隨時可供證交所的市場人士買賣。不同於基金按
NAV 贖回，ETF 是採公開市場買賣，價格由供需決定（一般很
接近 NAV）。因為 ETF 是在證交所掛牌，所以效率優於傳統共
同基金，後者要不斷發行贖回股份、買賣證券維持流動部位來
支應交易。因此對投資人來說，ETF 的費用通常較低廉，稅捐
失血較輕，不過有的券商，比如 Vanguard，對 ETF 收的手續費
比照同類別的共同基金。ETF 受惠於流動性、成本還有稅捐失
血的優點，市場成長很快，截至 2013 年底，ETF 持有多達 1.6
兆美元的資產，指數型基金的資產規模則為 1.7 兆左右（主動
管理型基金的規模有 10.6 兆美元，在基金和 ETF 市場的占比
稍高於 76%）。

　　ETF 一般是透過經紀商買賣，方式類似股票，佣金的範圍
介於 0（直接購自發行商）到 20 美元（線上經紀業者）。採每
月定期小額扣款方式買進的 ETF 可以加總累計。雖說一開始佣
金是不小的一筆支出，對長期買進持有的投資人而言，隨著投
資生命週期拉長，這筆成本會相形漸小。

　　多虧股票般的買賣方式，稅捐效率變成 ETF 顯著勝過指
數型基金的優點。這當中的道理，首先，ETF 在賣掉之前，不
會實現資本利得，但 ETF 配發的股利仍要課稅。相反地，指
數型基金會透過買賣，重新配置投資項目和贖回股份，所以即

使你本身沒有買賣，仍有可能因為內部的再平衡和贖回活動，而產生不小的稅捐負債。其次，指數型基金可能潛藏不利稅捐條件，投資人可能買到課稅基礎較低的證券。比方說，一檔基金名下的大量微軟股票，持有歷史已有數十年，若基金把微軟賣掉，新投資人面臨的應稅利得，將是採計原始成本。一般而言，這兩種效果的影響很輕，因為指數型基金會設法限制交易──但考量到現實世界的複利加乘效果，以及實質的淨報酬，差一點點也要計較。

還有因為很像股票的關係，ETF 可以融資融券，基金一般不可以。

指數期貨

一種基於標的指數的衍生性商品。這種合約允許在未來某個時間（交割日為 12 個月內的某時），按約定價格買進或賣出指數。指數期貨的成本低，可做為「放空」指數之用（賭以後會下跌）。不過這類投資項目沒有很適合長期買進持有策略，因為利得會在交割日採計，這點令指數期貨不具稅捐效率，一般來說，較適合用在戰術性交易和短期避險。

既然家庭有限公司的任務，設定為極大化長期的稅後費用後利得，ETF 是多數家庭有限公司規畫需求時的首選商品，免購買佣金的情況，更是上上之選。

　　表 13.1 列示不同指數型證券的特徵。

　　指數化是管理大型、透明、相對有效率市場的上乘方法，比如美國股市、國際已開發國家股市、固定收益和商品等市場。這些市場的主動型經理人，很難持續繳出超過遞增成本的超額績效。有份 1971 ～ 2012 年的 41 年期研究指出，主動管理型基金績效落後給基準 Wilshire 5000 指數的平均值為一年 0.99 個百分點，落後給基準 S&P 500 指數的平均值為一年 0.88 個百分點。事實上，落後大盤的數值還是低估，因為這些報酬率未計入出售和贖回費用，及主動管理衍生的較高稅捐負債。

表 13.1　指數型投資比較

	ETF	指數期貨	指數型基金
持續交易	是	是	否
可賣空	是	是	否
槓桿	可借五成	可借超過九成	無
費用率	超低	無	很低到超低
交易成本	股票佣金 *	期貨佣金	無
股利再投資	否 *	否 **	是
稅捐效率	超好	差	很好

*視券商或發行人的政策

** 股利已反映在價格

資料來源：Jeremy J. Siegel, Stocks for the Long Run, 5th ed. (New York: McGraw-Hill, 2014), 283.

適合主動型投資的兩種情況

　　主動型投資適合二種特別情況，一是在風險較高、效率較低的市場，如新興股市（巴西、俄羅斯、印度、中國）以及另類資產類別，如私募股權和避險基金。這類投資，經理人的報酬參差不齊，意謂市場不具效率，這種環境下，厲害的經理人就很有機會在某項資產類別持續打敗大盤，繳出超額績效（alpha），證明值得較高的成本。收購和創投等另類資產的中位數報酬，不見得會比美股等效率市場來得高，反觀報酬率的分散度（無效率市場的極佳指標），卻高達每股的 6 ～ 9 倍。有能力挑出好經理人的投資人，賺得 alpha 的機會就不小。有項研究發現，排名在第一個四分位數的美國固定收益和美股經理人，績效僅比第三個四分位數者，稍微多 1.2 和 2.5 個百分點，反觀在槓桿收購和創投，數字來到 13 和 21.2 個百分點。從數字來看，效率市場的主動型經理人，很難對較高的成本自圓其說，換成是無效率資產類別的前段經理人，如私募股權，很有機會替自己多賺好幾倍的身價。

　　要注意，中印等新興市場，雖有不少看似無效率、創造持續超額報酬機會的特徵，但過程中伴隨重重的阻礙，像是較高的交易成本、欠缺流動性，及外資持有限制，這些因素會妨礙主動型經理人利用市場無效率得利的能力。假設你有資源，能有效在這種市場挑選經理人，考量經理人報酬率的分布，我還

是會建議在這種地方採用主動型投資。

　　從主動管理型新興市場上市股票的數據來看，私募股權是當中數字最有說服力的一個。圖 13.1 顯示，私募股權經理人的報酬變異度很顯著，對出色的經理人來說，風險伴隨異常高的報酬，換言之，能維持 alpha。私募股權類別下的創投資本家，提供新創或早期企業的創業資金，著名的例子有 Google 和 Facebook。後期的收購業者則買下成熟、獲利、拿得出成績單

圖 13.1　私募股權報酬年度離散，1988 年 6 月～ 2009 年 6 月

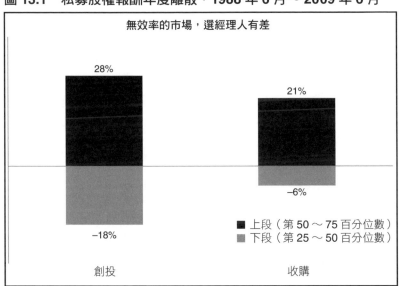

資料來源：Vanguard Investment Counseling & Research, "Evaluating Private Equity," 8. 避免離群值的影響，上圖僅顯示第二和第三個四分位數的經理人。

的企業，而且通常會大舉借貸，以便提高淨值報酬率，例子有 KKR 和 Blackstone 收購 Dunkin' Donuts、J. Crew 和戴爾電腦。創投和後期收購二者皆是高風險、無流動性的資產類別，但風險的來源不同，創投是營運風險，收購則是財務槓桿。

如圖 13.1 所示，創投和後期收購的主動型經理人，績效差異很大，好的經理人大有機會繳出令收費相形見絀的成績單。

這兩種私募股權資產類別，都是吸引投資人的標的，其中後期收購的風險調整報酬更勝一籌。創投的長期報酬佳，但似乎與不釋出的創新期有關聯，如 90 年代晚期網路爆發，拿掉這項異常報酬，就難看出長處，而且這種規模的破壞式創新，不是天天上演的光景，何時會發生也說不準。此外，創投業者的報酬，主力是看為數不多的「大勝仗」，可能不容易分辨是靠能力還是走運。相反地，不尋常的收購報酬，一般是靠成功多、失敗少來加持，比較容易看出是不是真金不怕火煉。最後用 Sharpe 比率 ＊ 來衡量，收購的風險調整報酬優於創投。有鑑於此，生涯中我個人一向選擇以收購為主。

另一個適合主動型投資發揮的情況，是相關性與大盤很低的資產類別，例如：有著類似的風險報酬特性，但與整體資產

＊ Sharpe 比率的算法是資產組合報酬減掉無風險國庫債券利率，再除以資產組合波動率（標準差），目的是簡單呈現投資人賺取報酬所承擔的風險數量。最樂見的情況是盡量沒有風險，同時提高報酬，故 Sharpe 比率數字高比較好，意即風險之低，與報酬不成比例。

組合相關性很低的併購套利、避險基金和反轉型（turnaround）
策略。買進這類策略能達成類似預期報酬，但整體資產組合波
動率較低。

做自己的人生財務長

　　被動管理（指數化）適合大型、流動好、市場商品化
的投資項目，包括投資美國、西歐、日本等成熟有效率市
場的約當現金、商品和股債。其他市場用主動管理可能更
有利。

　　這麼區分主動和被動管理策略的方式可用常識來理
解。成熟市場的流動性好，資訊透明度佳，可供謹慎的投
資人預測、估計、知情，並對風險定價，結果會拉低經理
人的報酬和績效離異程度。競爭的環境下，任何投資人都
很不容易持續打敗大盤，因此主動管理衍生的過高收費和
稅捐說不通。

　　新興市場和私募股權的特徵則相反：無流動性、透明
度差、沒多少可用的資訊，較難以有效承受風險，所以厲
害的經理人有機會持續打敗基準指標，合理化收費。不過
困難在於要事先相準經理人。

　　ETF 是家庭有限公司多數投資項目的首選工具，而且
租稅效率多半會稍微勝過同型的指數型基金。

第 14 章

指數化的低成本投資組合

　　向讀者推薦特定的指數股票型基金（ETF）或指數型基
金，超出本書的範圍，與其報明牌，倒是可以帶領大家巡覽世
界股市，一探大家應該要有的股票曝險。

　　圖 14.1 按區域畫出世界各地的股市市值。全球 60 兆的股
票市值當中，美國股市占了一半，美國以外的已開發市場占
38%，剩下的 12% 則由新興市場瓜分。有很多的 ETF 和指數型
基金，以每年 0.3% 上下的低廉成本，為投資人提供合宜的全
球市場曝險。不過為了進一步壓低成本，我建議找已開發市場
指數，並區分美國指數（年成本下探 0.05%）和剔除美國的國
際指數（年成本下探 0.14%）。

按國家市值大小分配投資

　　分析師之間對於全球股票投資是要按國家的市值（如圖
14.1）或是 GDP 份額來配置，有不同的意見。多數指數的編製

圖 14.1　世界股票市場加權市值

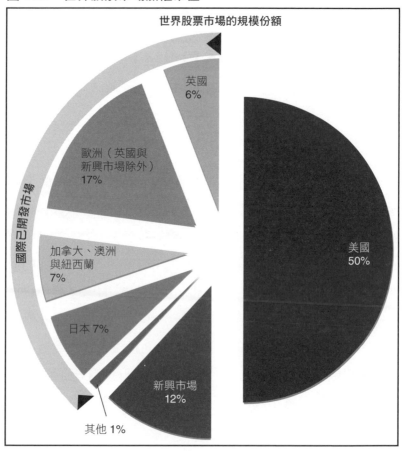

世界股票市場的規模份額

國際已開發市場

英國
6%

歐洲（英國與
新興市場除外）
17%

加拿大、澳洲
與紐西蘭
7%

日本 7%

其他 1%

新興市場
12%

美國
50%

資料來源：2014 年 10 月 MSCI ACWI 指數。

基礎是按該國市值，但我認為這方式低估了新興市場扮演的角
色，如 GDP 規模雖龐大，但公開市場並不發達的中國和印度。
1980 年～ 2010 年間，新興市場經濟體成長的速度，接近股市

市值的 2 倍。

不過由於商業的全球化,加上多國企業的主導地位,確保即使是按市值加權編製的指數,投資人對新興經濟體的曝險仍會逐漸加重。多國企業占全球總市值約 44%,同時多國企業平均有 64% 的營收,來自母國以外的市場。例如:占 S&P 500 市值 3.6% 的蘋果電腦,61% 的銷售額來自美國以外。美國企業盈餘有近 40% 賺自海外,比 25 年前幾乎翻了一倍。因此,我建議按國家市值份額大小來做投資配置;透過將事業版圖延伸到市值份額低估的大型經濟體的企業集團,就能額外對 GDP 曝險。

有些共同基金標榜自己是**管理稅負型**,其實就是一般基金再加上若干限制投資人稅金負擔的手法,如限制股利型股票的部位、限制周轉率以免認列資本利得,還有調配利得和虧損來壓低申報的應稅所得。這些策略適合搭配應稅投資帳戶,不是 IRA 和 401(k) 計畫的考量項目。

投資組合再平衡

鑑於世界經濟和市場瞬息萬變,投資人必須要不時再平衡持有的投資組合,確保組合反映了市值變化,有模擬全球的權重。理論上,再平衡可以連續進行,實務上則要考慮交易與稅金的成本。建議的折衷方式是每年再平衡,或者適目標配置偏

離目標的幅度達 5% 或更多時再進行。根據歷史報酬和波動率的假設，這項基本法則將合理限制再平衡的次數，極小化交易成本和稅金損失。

　　家庭有限公司投資計畫的幾個層面，會限制頻頻再平衡的需要。多數投資人是一年到頭投入積蓄，拿這些款項來購買組合當中份額縮水的投資，就不用增添交易成本和稅金損失。對於持有指數型產品為主的投資組合，國家再平衡多已隨著指數調整成分股自動完成。固定收益的部分採絕對金額，而不是組合的占比，也會減少頻頻再平衡的需要。

做自己的人生財務長

　　一檔美國加上一檔國際 ETF 或指數型基金，能兼顧最大限度的分散，同時壓低費用。

　　國內基金仍能提供顯著的國際經濟體曝險，因為美國企業的銷售和收益一大部分來自國外。

　　一般來說，組合要按各市場的市值份額分散到世界經濟體。目前，美國、國際已開發以及新興市場，分別占全球市值的 50%、38%、12%。

　　定期再平衡投資組合，讓投資部位回到設想的占比；將新存的儲蓄投入占比縮水的證券，是最有效率的方式。

第 15 章

挑選個股和經理人的時機

　　儘管指數型基金好處多多，許多投資人就是愛自己操刀，頂多找個理專幫忙出主意。本章介紹三種主動管理的情景：

1. 主動管理型家庭理財
2. 主動管理型經紀帳戶
3. 主動管理型基金

除了少數情況之外，這三種情景最好都不要上演。

主動管理型家庭理財

　　我當投資客這件事，通常占我名下資產組合 5% ～ 10%，而且我投資的項目，往往只是工作上延伸的構想，所以我在這方面花的時間、下的工夫很多，而且也有廣闊的專業人士人脈，幫忙我評估投資機會。可是我不建議多數的家庭財務長這麼做，原因如下：

- 特別的投資構想性質上是投機的，而且通常不容易在紀律式資產配置策略的背景下管理。

- 如表 15.1 所示，投資客整體來說，預測股市表現的能力非常差勁。投資客的樂觀或悲觀與後續股市走勢，呈現強烈的反向相關性。可以說，市場整體而言，有著買高賣低的傾向 —— 這可不是什麼好現象。

- 即使進場眼光精準的投資客，也不見得能時時掌握最攸關的市場和企業資訊，以致出場不如進場精準。賣出價值高估的資產，對報酬的正面效應，其實與買進價值低估相同。

- 成功的交易（有效率地買賣證券）是綜合判斷、資訊，以及快速處理資訊、做出結論，進而採取行動的成果。即使判斷能力好的投資客，在情報和速度方面，天生就落居下風。

- 這類投資缺乏可責性，沒有考核績效的明確基準。適當的績效指標為何？回報伴隨多大風險？應該與什麼對象進行比較？換言之，很難知道自己到底挑得好不好。

- 個人通常沒有貫徹投資主軸的確信，而且會過度受短期震盪左右。換言之，包括我在內，投資客往往任由情緒和心情過度影響決定。

表 **15.1**　信心陷阱──投資人信心和後續道瓊指數平均績效

1970 ～ 2006 年	
情緒（數值高 = 樂觀）	道瓊指數 12 個月後
0.2 ～ 0.3	20.47%
0.3 ～ 0.4	15.82%
0.4 ～ 0.5	13.43%
0.5 ～ 0.6	10.21%
0.6 ～ 0.7	6.03%
0.7 ～ 0.8	6.74%
0.8 ～ 0.9	-1.79%
0.9 ～ 1.0	-10.18%

資料來源：jeremysiegel.com。

　　我們常犯的錯誤，往往是性格所致。我發現，多數投資人最大的難關，不是害怕損失，而是不敢背道而馳。我剛好相反，算是沒有耐心的反向投資人，最大的敗筆是無法靜觀其變。有一次發生在 1990 年代晚期（類似例子不勝枚舉），那時環保這行（垃圾運輸）正在崛起，有家廢棄物管理公司則是這股潮流的明日之星。很多方面來看，這公司都是一個好標的，成長題材看好。這項服務的需求持續成長，公司透過收購行內的小型業者快速擴張。這檔股票看來搭上 90 年代末期景氣擴張的順風車。

　　好景不常，1999 年夏天，公司因收購會計處理不當，宣布一項數百萬美元的盈餘減值。幾個月內，股價跌掉將近七成。這項減損使外界對管理層失去信心，連帶使公司的前景蒙上陰

影。不過我認為市場對此過度反應，這行業正在成長，而且會繼續走強，落得這樣的處境說不通。我做出長期前景持續看好，但近期很可能不好看的結論，於是在世人一窩蜂炒作網路股的 1999 年秋天買進這檔股票。我當時的算盤是對的：廢棄物處理公司是一家好企業，所在的市場快速成長茁壯，長期前景看好。有辦法把近期波折放在一邊的投資人，將獲得豐碩的回報，到了 2006 年，股票增值 275%。

可惜，我與這項成果失之交臂，因為我抱不住部位。我進場後頭一年，公司宣布了更多負面消息，股東提起訴訟，管理層風波不斷，使得公司處境雪上加霜，大概一年後，我就把股票賣了，當時還慶幸沒虧到本金（投資失敗的委婉說法）。市場有太多雜音，使我按捺不住，例如：研究報告看衰、新聞報導看壞，還有報酬率遲遲無法轉虧為盈，終於使我提早下車。

主動管理型經紀帳戶

同自己選股的情況，一般而言，我反對使用經紀帳戶。投資顧問的主要工作（賺錢的手法）是資產募集，而非選擇股票。好的理財顧問的技能是推銷業務，不見得夠格成為好的投資人。從交易和管理收費的顧問，難免和你有著利益衝突。主動管理帳戶的理財專員，往往會從事不必要的交易活動，衍生費用和稅捐失血，而且跟自行選股一樣，這行為不伴隨實質的

課責性，不容易為理財顧問的績效，找到適當的同儕基準。

主動管理型基金

　　我在先前的章節指出主動管理型基金在缺乏效率的新興市場可能是不錯的做法，**但我也說，一般而言，我建議多數投資人別碰主動管理型基金，改買低成本的標的**。兩者似乎矛盾，其實不然。我建議別碰主動型基金的根據並非效率市場理論，意即假定市場時時完全消化所有資訊，所以經理人績效沒辦法持續勝過大盤。我見過太多不同市場和環境的反證，也認為不論在哪個市場，優異的經理人能持續以降低風險提高報酬的表現，證明自己的身價。不過我也認為，也許你和你家的財務長或投資顧問在內，多數個人沒有那個能力跟資源，看出好壞經理人的差別。

　　實務上，投資人為求回報，往往看近期績效來挑選基金的經理人，沒有去判別這項績效是來自資產類別的績效，如股市的漲跌，或是來自卓愈的管理。這樣的習慣常導致買在市場最高點。

　　挑到好經理人，其實等同是發現 alpha（找出繳出優於平均績效同時沒有承擔額外風險的經理人）。按定義，這樣的遴選過程是零和的遊戲，意即每出現一個打敗大盤（比平均高）的經理人，要有個經理人被市場打敗（比平均低）。身為這行業

的專業人士，我常覺得評估投資經理人，難度比評估投資本身還要高，因為條件更不分明。再者，散戶一般沒什麼管道接觸到基金經理人，除行銷內容外，對策略所知不多。歷史報酬不是什麼好的未來報酬指標，有項 20 年期的研究指出，3 年期績效排名前四分之一的主動管理型基金，接下來三年有超過 50% 連前半段的排名都掛不住。這項事實使散戶挑選經理人一事變得相當棘手。

若你非得要選一個主動型的基金經理人，我按照重要性建議下列條件：管理團隊的延續性；長年明確一貫的策略；團隊在基金有顯著私人投入；強調低周轉率及稅捐失血的長期投資理念；良好的同業評比基準；中等規模的管理資產。中等規模視基金所在的市場而定，一般介於 5 億到 50 億美元。基金規模愈大，模擬大盤的可能性愈高，形同收費高的指數型基金。

若你決心自行或透過經紀商投資個股，我建議單一證券集中度別超過 5% —— 指占你的可投資金融組合，不是占家庭有限公司淨值。

投資管理行業的現實面

老牌喜劇演員格魯喬‧馬克思（Groucho Marx）開玩笑說：「我不想加入要我當會員的俱樂部。」多數人在找投資顧問時，可能也是抱著如此期待。可惜，因為顧問業者是看管理的

部位收費，經驗最豐富、能力最好的經理人，管理的帳戶規模也最大。因此多數「有志致富者」只能退而求其次，與條件差強人意或初出茅廬，其實是拿你的錢來練功的顧問打交道。要找到一個高竿的顧問來特別應付你的財務需求，要麼你得拿出數百萬美元，要麼你的收入要高得嚇人。這個現實層面是你不能把一家財務長的職責外包出去的另一個原因。

理財專員的建議功用

雖說理財專員這行有其潛藏的弱點和利益衝突，但我的意思不是天下的烏鴉一般黑，理財專員通通都是壞人，或者根本對你的理財規畫活動沒用處。下面是我認為理財專員派得上用場的領域：

- 幫你擬定一份合乎個人情況的資產配置架構。
- 介紹低成本被動型基金，比如在完善市場流通的 ETF，或者指出不完善市場的高成本主動型基金。
- 經手管理租稅優惠型產品，如 IRA、401(k) 和 529 帳戶計畫。
- 提出保險需求和建議稅負規畫。
- 規畫大宗支出，如購屋、車輛和大學教育。
- 在審視理財計畫時，提供客觀、冷靜的試探意見。

• 提供市場和金融規畫的一般資訊和教學。

假設提供服務的投資顧問收費公道，那麼雙方可說水幫魚，魚幫水。不過顧問的話不能盡信，別盲目聽信顧問的建議；顧問要能以邏輯使人信服，而且做的每項建議要合乎你的整體處境和風險背景，而且費用要透明，好讓你知道任何與聽取建議有關的潛在利益衝突或動機。

你在盤算本身的理財需求時，很有可能需要與數名專業人士打交道，包括理財專員、不動產的律師或代書，和租稅方面的會計或記帳士。雖說有點麻煩，但每個領域的專業人士，都有本領能為你創造價值。

有的人乾脆把理財的事項包給不同顧問，我不建議這麼做。我們在前面的章節已解釋過理財顧問的用途，不應該是代為選擇特定證券，這方面你不妨借助指數化或特定基金經理人。你的理財顧問最大的功用，是理解你的整體理財藍圖，並適時為重大決策提供建議，如在資產配置和退休儲蓄等。這種對財務目標、風險容忍，和現況條件的大局觀點，最好是借助單一顧問來做成。

做自己的人生財務長

　　親手挑選個股或找經紀人，或找主動型基金的經理人
操刀，最後繳出的成績單，通常還是市場平均值。

　　即使市場缺乏效率，比如新興國家的股市，死抱 ETF
或指數型基金的投資人，結局多半比較好。

　　雖說不建議選拔特定的投資項目，好的理財顧問在其
他眾多的財務決定，仍能做出許多貢獻。

第 16 章

人生理財投資的核心原則

　　底下的理財計畫，結合家庭有限公司的架構，與資產配置原理跟現實世界的投資績效，不僅容易領會，容易實踐，方法上也頗異於傳統做法。我們的家庭有限公司理財投資計畫，一共有 11 條核心原則，以下按優先順序逐一介紹。

1. 家庭財務長所做的第一筆投資，理所當然是購買必要的壽險、失能險和傘式責任險，保障一家人的勞動力和金融資產。

2. 直到手頭上保有 3 ～ 6 個月的生活費之前，所有的資本資產（對，就是 100%）應該以現金、約當現金（儲金、短期國庫券、貨幣型基金等）的形式持有。有辦的話，現金這塊要算進可用的房屋淨值信用額度，這項債務的資金要先籌到，然後才是掏錢還債。這麼做用意是為資產管理活動的二大功能，即安全網和家庭有限公司的營運資本提供流動性。雖然我說最低限度要預備 3 個

月的開銷，但這塊可視個人就業情況調整。若工作不穩定，或現職要換工作有些困難，預備金可以延長至 12 個月。不過多數失業或職災的情況，考量失業給付和失能保險，3 個月應當夠用。

3. 選擇最高的退休年金自行提撥額度，然後選擇按相對市值份額（如近期分別是 50%、38% 和 12%），投入美國、國際已開發市場、新興市場的指數型基金或股票型基金。延後課稅與雇主提撥的好處，讓投資退休年金帳戶成為好生意。退休帳戶讓個人獲得稅前金額投資和租稅遞延到資產花用時課徵的複利效果。表 16.1 顯示，遞延效果結合雇主提撥（如有），再加上偏重股票的投資組合，通常能多賺進 1 到 2 個百分點的預期稅後年報酬，且資產終值顯著多於無 401(k) 的情況，幅度視雇主提撥和租稅的假設而異。

表 16.1　401(k) 增長投資

	情境 1 無 401(k)	情境 2 401(k) 無雇主提撥	情境 3 401(k) 雇主提撥 30%
員工投資額	$10,000	$10,000	$10,000
雇主提撥			$3,000
投資稅捐	-$3,000	0	0
投資總額	$7,000	$10,000	$13,000

30 年後價值 *	$32,491	$46,416	$60,340
出售稅捐	-$5,098	-$11,604	-$15,085
稅後價值	$27,393	$34,812	$45,255
投資額的倍數	2.7	3.5	4.5
相較無 401(k) 的增值 %	-	27%	65%
稅後實質 IRR	3.42%	4.25%	5.16%

* 設 30 年間稅前實質報酬 5.5%、手續費 0.25%、所得稅 25% 和資本利得稅 20%。

4. 清償學貸、房貸和汽車之類的長期資產以外的所有債務，一般而言，前述貸款以外的負債，代價較為高昂，所以盡早清償等同做成一筆稅後保證報酬逾 5% 而且免於市場風險的投資。

5. 投資所有剩餘資本到指數型股權標的。第 8 章說過，考量多數家庭普遍過度配置非股權標的（勞動力、社會保險和不動產），加上股票相對看好的長期投資報酬，如此對股票市場顯著曝險，可說相當合理。類似 401(k) 的做法，你的指數化配置，應該按照全球市場的相對市值份額予以分散。

6. 有辦法利用並妥善評估另類投資股權標的，如未上市股票或併購套利機會的投資人，股票投資組合應設定配置 5% ～ 15% 這類工具。另類標的有更高的預期報酬，且損益與公開市場低度相關，但除非算盤打得很精，且

很有把握短期不用變現，否則別碰這類標的。未上市股票能賺取優渥的報酬，但顧名思義，這類標的未公開流通，投資人得由其他資產獲得流動性。

7. 包含第 2 點的預備現金在內，我建議固定收益的部分，是把 3 年生活開銷減掉剩餘勞動力（距離預期退休）的現值。只要離退休還有 3 年以上，就不需要多對固定收益曝險；一旦剩下不到 3 年，就要改變對預備金的看法。屆時，你應該要想到，這筆預備金用途有二：除應急外，不久後還是生活開銷的來源。快要退休還有退休以後，應持續增加固定收益，透過預期勞動收入和固定收益投資的組合，維持 3 年開銷的支應能力。

等到你退休，我建議以國庫券、貨幣市場和地方政府債、公司債和公債的形式保有 36 個月的預備金。計算所需的金額時，先設算未來 3 年的消費，再扣掉保證給付的稅後收入，如退休金、年金和退撫金等。相較於其他典型的建議，本處的建議是讓退休者的固定收益變少，將騰出的資金配置到報酬更高的股票，同時兼顧流動性，免於在股市衰退之時，忍痛變現的情況。過往歷史顯示，若第四年開銷會用到款項，在前 3 年仍以股票方式持有，這部分的實質價值大多會增值到初始值的 115%，68% 的情況，實質部分價值會落在初始值 85% ～ 150% 的區間。這風險對多數投資人都算合理。

當然，這個股票曝險部位在這 3 年期間可能出現虧損，因為退休期間會三番兩次遇到這情況，整個投資期的累積虧損機率會因此壓低。

8. 本投資策略不推薦主動管理的上市股票基金、經紀或委操帳戶。雖說主動管理的上市股票策略，有時績效會優於指數，但多數個人沒能力鑑別或操作主動管理的組合。如果說家庭的財務長，剛好有經理人或投資機會的明牌，主動管理的上市股權組合會大大加分，但要想清楚，這類投資不是放長線的好生意。

9. 盡可能把任何主動管理的股權產品和另類投資，還有固定收益的投資，都放在延後課稅的帳戶，如 IRA 和 401(k) 項下，這樣能極小化這類工具的稅捐失血。

10. 用每年存款的方式來重新平衡股票和固定收益的目標。

11. 做好大宗購買或資本重新配置的心理準備。前面的原則雖有用，但漏掉了一個但書，就是在家庭的生命週期，有些決定或事件會造成顯著的資產重新配置，比方說，繼承遺產或購屋和進修學位。原本假定退休後才要動用投資部分，應急預備金都是現金和固定收益證券部分的家庭，不久後可能決定要買房子。這時計畫就要修改，將頭期款的部分挪到現金，好支應近期內的支出。這種情況下，極小化欲動用部分的波動率，重要性遠高於追求回報。

　　對於這類事件，我建議採取類似第 7 點的多年期規畫。舉例來說，若繼承大筆遺產，以致固定收益的部分超額配置 30%，我建議逐年重新配置 10%，分 3 年達成目標。逐年重配雖可能錯失若干利得，但也不會剛好全壓在股市的崩盤和泡沫。至於大宗購買，如購屋，我建議的策略差不多：提早三年逐年把預計的頭期款挪到固定收益（記住購屋絕對稱不上是重點投資；購屋固然是家庭的大事，但要算是消費而不是投資）。

異於傳統的通則，能信嗎？

　　這 11 個頗異於傳統通則的建議，能信嗎？的確，這些原則之所以和理財顧問慣例大相逕庭，源自於兩個重要因素：

1. 勞動力和社會安全給付的資產算入淨值並納入資產配置的架構，使績效成果大為改觀。這觀念雖無誤，卻沒什麼理財顧問在用。

2. 可能更重要的因素是投資顧問和基金經理人通常會按照管理資產規模受薪。擴大管理資產規模最輕鬆的方式，是不要讓資產流失或周轉；投資顧問丟掉工作最確實的途徑，是讓客戶賠錢（即使暫時）或成績落後同業。因為績效每年衡量，許多投資顧問和基金經理人不得不短視近利，看重年度相對大盤的績效評比，即使會犧牲長

期績效，也管不了這麼多。或者這麼說，極小化投資組
合的波動率，對投資顧問而言是好目標，即使這麼一來
難免會為客戶做出次佳的資產配置。對普通人而言，合
情合理的投資建議，在投顧眼中可能不是好生意。

　　再三提醒，此處建議的投資組合是偏重股票，長期成果較
佳，但短期波動率較高的組合 —— 照做的話。如果對自己的紀
律沒把握，自認為耐不住波動，那麼就拉高應急預備金和固定
收益的退休目標，其他不變。放大預備金雖不利累積財富，怎
麼樣也比市場起伏時臨時變卦、丟盔棄甲而逃來得強。

第 17 章

害你虧錢的十大偏見

　　我有個交情不錯的朋友比爾，他在知名的財顧公司擔任高層主管，由於我做了不少非典型的建議，我們這些年來，針對個人理財的主題，發生過不少次熱烈的爭辯。撰寫本書過程中，他為我出了不少力。我做的結論當中，他反對最力的部分不是認為我的分析和建議有錯，而是認為我的計畫普通人做不到。在他看來，一般人欠缺足以做到我的財務建議的紀律，尤其遇到市場行情不利，照我的方法投資虧損了一、二年後，多數人根本沒有那份毅力貫徹到底。

　　比爾的批評可說合情合理。不過我認為，憑著學習和邏輯，人能夠學會正確的行動。前面章節的內容，試圖提出一個邏輯架構，讓你明白當家庭有限公司老闆面臨到的風險，目的無非是期望培養你遭遇投資亂流，仍能堅持到底的勇氣；加上對若干有礙理性理財決策的隱憂和偏見有所認識後，這份勇氣能進一步被鼓舞。想想下面這 10 個有害你的財富的例子。

1. **所有權偏見**。比起尚未到手，人傾向珍惜已經擁有的。比方說，我有認識朋友把手上的房子拿到市場上待價而沽，過了一年多還沒脫手。他們很納悶，但問題出在哪其實很明顯：惜售。教訓是：別跟資產「勾勾纏」，當你下定決心要賣，請照市場行情。

2. **沉沒成本偏見**。沉沒成本是一筆「覆水難收」的成本。比方說，我有次中了一個四天三夜的招待住宿，結果那地點我根本沒興趣。我發現自己一方面想著不來白不來，一方面覺得浪費 1,000 美元的旅費。教訓是：我在為沉沒成本庸人自擾。覆水難收，別拿它為難後來的行動。當初不出門，我才會省下 1,000 美元的旅費，及很沒意思的住宿。

3. **預算規畫偏見**。人們做預算的方式往往難免未能達成儲蓄目標。家庭的預算目標，常因意外開銷的超支功虧一簣，意外支出很少不超支。為什麼？多數人眼中，所得（薪水、獎金等）相對可預測，但修車、水電、滲水、小孩的夏令營等臨時開銷則不容易預見。教訓是：想達成儲蓄目標的話，多少要把意外開銷的支出算進來。

4. **整付款項偏見**。人對每月經常開支通常比較精打細算，反之對一筆大的佣金、獎金或股票利得則否。有的人覺得這種款項像是意外之財，像是撿到錢，所以很可能會把這筆款項用在花大錢的項目，如買車或度假。教訓

是：我建議收到這種款項，至少半年不去動它，等過了
一段時間（確定稅金繳清），再決定怎麼花用或投資這
筆錢。

5. **買到賺到偏見**。比起買的東西本身，有些人的滿足感
更來自買得划算這件事。美國開國元勳傑佛遜總統
（Thomas Jefferson）是這麼建議的：「莫因便宜而買下對
你沒用的東西。」教訓是：別被特價牽著鼻子走，下場
通常是買到沒用的東西。

6. **分隔偏見**。很多人會有意去分隔生活中的理財活動。比
方說，我們家最近辦了重貸，每個月付的貸款變少，因
為家庭開銷好轉，蜜雪兒打算花錢添購新家具。可是這
麼做會讓總開銷超出預算。教訓是：錢長得一個樣，挖
東牆補西牆可能會蒙蔽更重要的目標。

7. **規模偏見**。小錢的作用可能很嚇人。第 9 章提到，每年
2% 的管理費好像沒什麼，但換個說法，說這會吃掉投
資人歷史調整通膨後利得的三分之一，聽起來完全就是
另一回事了。教訓是：別小看不起眼的差別。

8. **馬後砲偏見**。事情一旦水落石出，人傾向認為結果很明
顯。比方說，現在看來，2000 年那時網路股顯然是泡
沫，而 2009 年市場則被嚴重低估，但在當下，可不是
這麼容易就看清。教訓是：別對市場之所以如此，過分
想當然耳，你的後見之明，可能是對往事的偏見。

9. **損失規避偏見**。賠錢給人的慘痛印象，遠甚於賺錢的美好回憶。到賭場賭輸 100 美元比中了 100 美元，更不容易撫平情緒。教訓是：損失規避的心理可能導致你轉趨保守，而不為所應為。身為家庭有限公司的老闆，你不是追求常保心理安康，而是試圖極大化財務福祉。

10. **推斷偏見**。人往往會誤以為近期表現，是未來績效最有希望的指標。比方說：「今年科技股表現火燙，我要進場買進。」教訓是：風水輪流轉，資產類別一般會回歸平均，所以從近期表現推斷的做法可能會出問題。別讓時事和短期消息，過分影響長期的決策。

　　希望有所警覺，能使你在做決策時，更有機會避免這些偏見。我要謝謝比爾，雖然我們仍舊意見相左，但一路走來，你讓我的思考更上一層樓。

第 18 章

抓大放小的資產管理

聽到有人問起，如何與高度競爭的資產管理產業抗衡，我的回答是：「不用競爭。」你的成功之路不是投入傳統的金錢遊戲。市場上的大型投資業者，手握充裕的資源，旗下有最聰慧的研究員、分析師和策略士。它們能取得最多的資訊，並且快速周轉天文數字，這能耐絕非任何個人所能企及。

改變遊戲是你在場上僅有的勝算。你對手的手法特徵是主動管理、高周轉率、重度押寶固定收益和美國股市，重視一年期報酬。若依 Part 3 的建議，你採用的是被動管理的手法，成本低、周轉率低，偏向押寶國際市場，同時不太碰債券和其他固定收益，因為你的所得放在自身勞動資產和社會安全給付的部分已經很多了。你的風險調整後報酬，會在更為漫長的期間最佳化，直到你實際花用資本的時刻。

採行這策略的投資組合，可承受更大的歷年價值波動，而且歷史證明，一旦時間拉長，複利的效果使策略的風險相形見絀。表 18.1 比較二個方案來總結長期 —— 歷時 65 年的工作及

退休生涯——的影響。傳統的方案是一個典型的資產配置模式
（100 減年齡即股票曝險），採主動管理，交易相對頻繁，衍
生相關費用。建議的方案則採本書的家庭有限公司資產配置模
式，股票曝險更多，採被動管理，交易手續費有限。

　　表 18.1 的假設固然可以檢討，但結論很可靠。基於主動管
理並透過顯著固定收益部分來壓低年波動率的傳統資產管理模
式，稅後期終價值比基於顯著股票部分、周轉率低、費用低的
家庭有限公司淨值投資方案低了許多，少了將近 70%。

表 18.1　七成購買力的差距

	傳統	建議
假設		
名目股票報酬	7.0%	7.0%
名目債券報酬	4.5%	4.5%
通膨	1.5%	1.5%
管理費	0.75%	0.75%
投資組合年周轉率	100%	100%
所得稅率	30%	30%
資本利得稅率	20%	20%
期間（年）	65	65
績效		
稅後費用後通膨後的股票報酬	3.5%	5.2%
稅後費用後通膨後的債券報酬	1.1%	1.5%
平均債券配置	58%	31%
平均股票配置	43%	69%
稅後費用後通膨後的 IRR	2.17%	4.10%
期終資本倍數	4.0	13.6
相較建議方案的減值	-70%	

時間拉長，勝算提高

當你在檢視本章建議的策略，將隨期間拉長而提高勝算，這不過是由於股票的預期報酬高，波動率也較高的關係。這個基本的道理卻有一個重要的啟示：這策略的勝算本身成立於夠長的期間之上；在我看來，最低限度要預期持有股票 20 年。你預期接下來的 20 年，年年有辦法維持重度押寶股票的投資組合，不會被迫變現，以支應原本按計畫金額在投資組合 5% 以下的消費之需嗎？經歷這麼漫長的期間後，投資人就有較大的把握，在運用預期實質報酬的成果時，波動率的增加仍有限。

關於管理資產業務，我最後要再提一次廢棄物管理公司的經驗（第 15 章）。你在成功之路上的最大障礙，不是決定做什麼，而是鐵了心袖手旁觀。此處的建議既簡單，又是基於常識和長期的結果，所以請動手制定一個自己的方案，並無視市場的風波，貫徹到底。

我在本書始終鼓吹能隨著時間，因應新的資訊來調整財務計畫的好處。改變投資的方針應該三思而後行。儲蓄率、開銷和退休年齡，固然可以更改，但應該要謹守你在資產配置和投資策略的主幹。市場修正後，資產組合就不碰股票，絕對是不智之舉。視需要調整你的操作假設，但是要堅持投資的方針，謹記自己是長期的投資人，歷史站在你這邊。

PART 4

家庭有限公司不會
自動運轉

　　Part 1～3，把重點放在如何精簡家庭有限公司的主要業務，以及如何將每項業務的價值發揮到淋漓盡致。Part 4，我們將提供各種實用的業務技巧、工具與結構分析，以協助您更有效率地掌管這間公司。

第 19 章

打造工具與財務儀表板

　　想要有效率地分析管理家庭有限公司，第一步就是要每月、每季、每年製作財務報表。逐月彙整財報相當有效。這就好比倘若你正在節食，你若能固定測量成果，就愈有可能持之以恆。家庭有限公司的基本財務報表可依照個人事業需求量身打造，不過其中必須要有資產負債表跟現金損益表這兩項。一如證券分析師會藉由分析財務報表來評估一間企業是否穩健，家庭財務長也能藉此深入了解家庭有限公司的體質與管理細節。這些財務報表應固定每年與各委託人分享，包括潛在繼承人、財務顧問、房地產管理人等，以確保一旦家庭財務長喪失行為能力，委託人們都能掌握最新財務狀況。

　　本章將會介紹幾個財務報表範例以及相關的衡量指標。首先要介紹的是家庭每月損益表。當然，每個家庭的收入與支出狀況都不同，但是這些範例能做為樣本，讓你開始監控自身財務狀況。若需要將這些樣本進行個人化修改以符合你的家庭需求，請參訪 familyinc.com。在此給不熟悉財務金融的讀者一些

信心喊話，本章內容提供了許多實用財務工具，從基本原則到
實用技巧都會一一詳解，過程中勢必得較為深入介紹各種實務
細節，若以航海術語來形容，我們正要從駕駛艙走入引擎室。
你可以暫時跳過部分細節，等日後有需要時再回頭檢閱。放
心，我保證這樣做絕對沒問題。

損益表比預算表更有參考價值

　　一份現金損益月表（表 19.1）能記錄你各類別預算的實際
支出。許多家庭都會規畫預算，但鮮少人會確實執行並且定期
分析預算與實際支出間的差異。我個人認為比起預算表，實際
的損益表更為有趣且參考價值更高。

　　要留意的是，這份損益表將支出分為三個基本群組：(1)
固定支出（例如：貸款之類的長期固定開銷），(2) 半固定支
出（會隨著時間減少的花費，例如：保險），(3) 變動支出（每
個月都會變化的開銷）。這些事先編列預算的花費能夠透露你
是如何規畫事業。將開銷分門別類能讓你進行利潤分析，你可
以檢視各類別占家戶總收入的百分比，在表格裡我們將其列在
「預算分析」的欄位底下。每個家庭的狀況各有不同，透過這
些分析能觀察出你評估損益表時該注意的方向。

收入集中度

是將家庭各收入來源集中在一起評估，舉例來說，我們可藉此檢視一對配偶彼此的收入是否均衡。一般而言，此數值愈接近 50% 愈佳。低數值表示此家庭收入較為穩定，因為這意味著家庭總收入是來自兩份完全不同且各自獨立的職業收入。

盈餘（存款）率

盈餘跟存款這兩個不同的詞指的是同一件事。盈餘率是將現金盈餘除以家庭總收入。它能用來評量家庭總收入對資產淨值有多少貢獻，換句話說，就是在滿足各項花費後還能存下多少錢。這個數值是最重要的衡量單位。首先，它能夠衡量你將勞力資產轉換為資金的效率。你存錢的速度愈快，就能愈快拓展資產管理業務中的投資。再者，此數值可以衡量當意外發生時，你的家庭有限公司能擁有多少緩衝區。舉例來說，一個盈餘率達 25% 的家庭若遭逢 25% 的收入損失，依然能維持日常開銷。但倘若這個家庭的盈餘率只有 10%，那他們就得動用積蓄或者降低 15% 的開銷才能打平。

表 19.1 每月現金損益表範例

收入	稅後收入占比
配偶一	$7,000
配偶二	$5,000

預估稅率	35%	
稅後收入	**$7,800**	**100%**
固定支出		
抵押貸款	$1,800	
地產稅	$200	
汽車貸款	$350	
信用卡費	$400	
學生貸款	0	
小計	$2,750	**37%**
半固定支出		
保險（人壽險、車險、殘疾險等等）	$350	
電話費、有線電視	$150	
油錢	$300	
水電瓦斯	$300	
鄉村俱樂部會費	$200	
家用雜支	$150	
雜貨	$1,000	
小計	$2,450	**31%**
變動支出		
娛樂	$300	
度假	$300	
衣物	$500	
外出用餐	$500	
孩童活動	$300	
小計	$1900	**24%**
總支出	**$7,100**	

預計現金餘額／（赤字）	$600	8%
預算分析（詳見內文）		
收入集中度	58%	
盈餘（存款）率	8%	
固定支出率	37%	
半固定支出率	31%	
變動支出率	24%	
固定與半固定支出償付率	1.47	

支出、半固定支出與變動支出

　　從商業角度來看，變動支出優於半固定支出，半固定支出又勝於固定支出。變動支出讓企業主在面臨收入下滑時能彈性調整開支。舉例來說，倘若你的固定支出占比達 80%，一旦收入下滑 25%，你絕對無法在短期內將開銷降低至足以平衡損失，然而變動支出占多數的家庭就能快速調整。

固定與半固定支出償付率

　　這是道簡單的數學公式，只要把稅後收入除以固定與半固定支出相加的總額即可。此數值愈高，財務安全就愈有保障。在這份範例裡，固定與半固定支出償付率約是 1.5，這表示當下收入超出固定與半固定支出達 50%。雖然家家戶戶狀況各有不同，我還是認為固定與半固定支出償付率若低於 1.25，會讓此家庭承擔過高的財務風險。

加入資產負債表 —— 總額必須維持平衡

　　要進行損益表分析，勢必得同時評估此家庭的資產負債表，範例請見表 19.2。加入此表後，可能會分析出不同的結論。例如：一戶家庭若擁有大量流動資產，那麼即便其現金損益表中的固定與半固定支出償付率較低，只要謹慎管理仍無大礙，因為一旦收入下滑，他們可輕易售出流動資產應急。

　　一戶家庭的資產負債表就是將該戶家庭的資產與負債列成清單。表格左邊列出所有資產。此範例中將資產依據其流動性（變現難易度）分成幾個類別，包括流動證券、非流動資產、限制帳戶、不動產、折舊資產、預估勞動力以及社會福利資產。資產負債表右側則列出了該戶家庭的負債，並且特別標出重要資訊，例如：期限（長期或短期）與利率。資產負債表上的左右兩側總額必須維持平衡。一戶家庭的累計資產與負債相減後，即是家庭有限公司的股本價值，或稱淨值。

表 19.2　家庭資產負債表範例

製表日（每月更新）					
資產		**負債**			
流動帳戶		短期借貸		最高額度	利率	類型
銀行／支票帳戶	4000	信用卡一	20,000	25,000	9.0%	浮動
現金等價物	30000	信用卡二	10,000	15,000	12.0%	浮動
短期固定利息	20000	汽車貸款	45,000	無	6.0%	固定
小計	54000	小計	75,000			

流動投資

投資帳戶	200,000
小計	200,000

非流動投資　　　　**長期借貸**

私人投資	25,000	**長期借貸**			
家人借貸	10,000	房屋貸款	200,000	無	4.8%	固定
股票選擇權	100,000	二胎房貸	25,000	100,000	5.5%	浮動
小計	135,000	學生貸款	0	無	6.0%	
		小計	225,000			

限制帳戶

401(k) 退休福利計畫	250,000	**總負債**	300,000
個人退休賬戶	100,000		
小計	350,000		

不動產

主要住宅	250,000
小計	250,000

折舊資產（公平市場價格）

非流動居家資產（家具等等）	20,000	**家庭有限公司淨值**	1,549,000
車輛	40,000		
小計	60,000		

勞動力

稅後現值	400,000
小計	400,000

社會福利

稅後現值	400,000
小計	400,000

總資產	**1,849,000**	**負債與資產總額**	**1,849,000**

資產負債表分析				
財富衡量指標				
家庭有限公司淨值			1,549,000	
財務淨值			749,000	
財務收入淨值			689,000	
投資資產			989,000	
流動性分析				
應急資金			54,000	
應急資金月數			7.5	
融資能力			85,000	
融資能力月數			11.8	
淨債務			246,000	
淨債務與稅後收入比			2.6	
淨債務與投資資產比			25%	
資產組成			**負債組成**	
勞動力	400,000	22%	短期借貸/總額	10%
社會福利	400,000	2%	長期借貸/總額	90%
投資資產	739,000	40%	可減稅借貸/總額	75%
住宅	250,000	14%	固定利率借貸/總額	82%
折舊資產	60,000	3%	加權稅後借款成本	3.17%
總計	1,849,000	100%		

財富衡量指標 —— 評估資產負債表的工具與數據

在此資產負債表範例下方列出了一組衡量財富的關鍵指標，這些指標同時也是用來評估資產負債表的工具與數據。讓我們一起簡單看看這些項目。

• **家庭有限公司淨值**等於總資產減去總負債。這是淨值最

廣義的解釋。除了財務資產外，還要納入此家庭未來勞
力產出的稅後預期收入與社會福利資產。

- **財務淨值**等於總財務資產減去總負債。這是較為傳統的
  淨值定義，其數值相當於家庭有限公司的淨值，只不過
  沒有計入勞動價值與社會福利資產。

- **財務收入淨值**則是將財務淨值扣除所有會隨著時間與使
  用而折舊減值的資產或物品，例如：汽車、卡車、摩托
  車、設備、電器與家具。

- **投資資產**是將所有財務資產加總，不包含折舊資產。這
  個數值可以顯示你的公司當下有多少能帶來效益的生產
  型資產。

　　除了透過這些財富衡量指標追蹤資產管理事業以外，你還
必須管理資產負債表中的資產、負債與流動性這三個項目。

流動性分析 —— 數值愈低，代表流動性愈高

- **流動帳戶**包括支票、現金等價物以及短期固定收入。這
  些帳戶具有流動性，因此不但能滿足家庭有限公司日常
  的現金需求，也是安全的保值法。這些帳戶金額通常只
  有在稅後收入增加時才會有微幅成長，然而當你的收入
  突然大量短少時，這些帳戶可以立即充作緊急基金。

- **應急資金月數**是將你的流動帳戶總額除於你的每月支出

總額。假設你明天就被資遣失去收入，此數值代表你的
流動資產足以應付你當下的每月支出達幾個月之久。此
範例中，這個家庭有大約七個半月的意外緩衝期。我通
常會建議要適當管理流動帳戶與支出金額，好確保能至
少持有三個月的應急資金。

• **融資能力**代表在扣除任何未償貸款後，你能從各單位
（主要是二胎房貸或是信用卡）借來的最大金額。這些
借款正如應急資金一般，在碰上意外之際會是相當有用
的資金來源。我個人認為尚未提領的二胎房貸完全可以
算做應急資金的一部分，而且我會放心地減少應急預備
金。二胎房貸是一種長期的財務保證，銀行無法片面終
止合約，而且可以把它當成現金帳戶一樣自由借還款。
我認為信用卡就不是這麼回事了，因為它沒有資產抵
押，銀行可以片面終止合約。這兩種帳戶都應該被視為
額外的緊急資金來源，而非應急資金的替代品。

• **融資能力月數**是將你的最大融資金額除以你的每月支出。

• **淨債務**是將債務總額減去流動帳戶金額。這是較為精細
的負債評估方式，因為它把必要時能即刻提領出來償債
的現金也都計算在內。

• **流動率**。這份資產負債表提供了兩個基本的流動性評量
方式，這兩者應該同時納入評估。**淨債務與稅後收入比**
代表稅後收入在消費前有多少能拿來償債，而**淨債務與**

　　投資資產比則把重點放在投資資產與債務間的關係。淨債務與稅後收入比特別能反映出個別家庭目前處在何種生活階段，好比一個尚未達到收入高峰期的年輕家庭，為了籌措購屋與教育經費，便有可能必須負擔高額的債務。

　　這兩項數值愈低，代表流動性愈高，並且表示這是一份較為保守的資產負債表。我通常會建議淨債務與稅後收入比應維持在 6.0 以下（也就是債務總額不超過稅後年收入的 6 倍）。這項數值應隨著時間降低。淨債務與投資資產比則應該維持在 1.0 以下。某些情形下，你會難以將數據保持在建議值，又或者只能勉力符合其中的一兩項。好比說，你的消費相關債務在債務總額中占比較高，無論這些債務是來自於折舊資產，或是單純消費大於收入，總之你應該降低槓桿比率。如果一戶家庭舉債購入大量房地產，那麼現金流指標（淨債務與稅後收入比）就有可能無法達標，因為房地產無法帶入現金。然而房地產確實具有持久的價值。在此情況下，只要你的淨債務與投資資產比較低，且固定與半固定支出償付率較高，足以承擔預期外的開銷，那就大可放心。

資產結構，非人為可控制

　　資產結構指標會將投資資產與其他流動性較低或是生產力

較低的資產拿來比較，例如：勞動力、主要居所和折舊資產。因為財務資產與勞動力資產兩者間的消長往往會隨著家庭年資而改變，通常並非人為可控制，只有一個關鍵的例外。這個分析會迫使你認知到隨著時間逐年流逝，你的勞動年限也跟著遞減，因此你得累積額外的財務資產以抵消勞動資產的減損。資產負債表上其他衡量指標則會反映出你的財務資產相較於其他類別的資產，是否更能將生產型投資資產最大化。

　　這些指標的中心意義在於你的財務目標不該是儲蓄養老，而是要透過投資增值型資產來為退休做準備。若是將資源分配於生產力較低的資產會大幅降低預期報酬，如此一來，為了達成財務安全就勢必得增加儲蓄比例。一如 Part 3 解釋過的，假設一個分散風險的**投資組合**，在扣除稅金與手續費後能產生 5% 的報酬。至於房地產的實際可預期報酬，在扣除稅金與其他成本開銷後約是 2% ～ 3%，前提是你沒有把從中獲取的利潤全都拿去租屋。車輛或許是最常見的折舊資產。假設持有一輛車長達 5 年，平均而言，汽車與卡車會折損原價的六成。其他諸如稅金、保養、檢查以及保險等花費，總額約為公平市場價格的 3%，所以一輛成本 4 萬美金的車，5 年過後其整體持有成本是 3 萬美元。雖然車主確實享受了車輛的好處，但這數字頗為駭人，因為這筆 4 萬美金的投資總共折損了 75%，表示其內部投資報酬率為負 21%。

　　如果你的投資當中，房地產與折舊資產占比較高，這會拖

埒整體投資報酬。從表 19.3 中可以清楚看見這一點。

表 19.3 資產組成（終生平均值）

最佳組成		
	分配	實際報酬率
投資資產	75%	5.0%
住宅	20%	3.0%
折舊資產	5%	-10.0%
報酬加權平均值		**3.9%**
65 年後資產增值倍數		**11.65**
次佳組成		
投資資產	50%	5.0%
住宅	35%	3.0%
折舊資產	15%	-10.0%
報酬加權平均值		**2.1%**
65 年後資產增值倍數		**3.74**

在此範例裡，次佳分配的每年預期成長率少了 1.8%，因此經過長期複利計算後（此例為 65 年），最後資產累積量幾乎少了 70%。

用負債指標優化債務

負債指標是用來優化你的債務組成，規則如下：最大化長期借貸而非短期；最大化可扣抵稅金的借貸而非無法扣抵的借貸；最小化借貸的稅後成本。為了達成這些目標，可將接下來

這些優秀的經驗法則用於管理你的負債。

- **在所有債務中，最大化房地產借貸。**房貸通常會提供最誘人的條件：還款期長、費用低廉、可抵稅。
- **只要借款利率低於 6%，就可以放心借貸以籌措購車及教育等重大項目的資金**（考量歷史通膨率，這意味著實際借貸成本會是 3% ～ 5%）。此類債務通常條件優異，因為政府會提供學貸，而車貸則是貸方對資產有追索權（如果你無力還款他們可以收回車輛）。若你打算買車，記得善用車商或銀行提供的長期貸款，而非耗盡你珍貴的流動儲備資產。
- **評估各種財務選項時，記得比較固定利率與變動利率貸款。**變動利率通常起始利率較低，利率變動的風險會轉嫁到借款者身上。究竟何種選擇較有效益並無絕對規則，但是一個家庭若是債務大於投資與收入，恐怕較難有餘力吸收潛在的利息增加成本。變動式利率比較適合債務相對較少的家庭。
- **把信用卡當成借款的最後選擇。**因為信用卡屬於無擔保債務，它們通常是最貴的借款方式。
- **然而一定要把二胎房貸視為潛在現金來源，用以支援你的應急計畫。**最好要取得最大的撥款額度，但是把借出金額降到最低。

- **在提前繳納房貸、學生貸款、車貸之類的資產抵押貸款前，要謹慎考慮。** 相較之下，這些貸款通常成本較低，而且若不提前還款，便可把手邊現金用於其他投資，增加資產流動性。在家庭有限公司的某個生活階段內，這些貸款所增加的流動性與彈性有可能會派上用場。

將財務報表資訊圖像化

　　一旦你建立了家庭有限公司損益表與資產負債表，你便可以使用這些數據來創建與計畫你的財務目標。圖 19.1 至 19.5 便是將財務報表內的資訊以圖像顯示。

　　當你首次閱讀這些報表，很可能會覺得這些資訊有些駭人與龐大。然而一旦你完成這份報告、了解其分析，並繪製了這些圖表，此後每個月不用 15 分鐘便能完成更新，而這些資訊正是邁向財務獨立的重要關鍵。如果你仍然覺得這過程太艱難，

圖 19.1　損益表分析

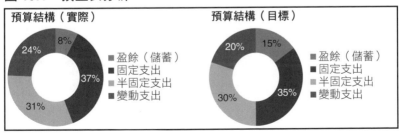

你可以把更新頻率降至每季一次，如此一來，只需要三分之一的工作量，卻依然能帶給你許多好處。

理財沒有標準答案。每戶家庭都該按照自身情況編列適當的預算，並據此決定如何分配資金運用。您應該根據您的風險承受力和實際情況調整衡量指標。例如：一對擁有終身職的大學教授伴侶，與一對分別擔任家管與以佣金為收入基礎的推銷員伴侶，前者顯然更有空間減少應急資金，並承擔較低的固定支出償付率與較高的債務與收入比。

其中最大好處之一就是它迫使每個家庭去審慎檢視自己如何儲蓄、消費以及為重大支出籌措資金。了解實際的消費模式能讓一戶家庭編列實際的預算。避免過於繁瑣的細節，因為這些細節並不會帶來額外的分析，反而只會增加紀錄的負擔。

除了每月與每年編列預算，我推薦每戶家庭擬定一份進階的 5 年預測計畫。這份預測不可能非常精準，但是透過這項練習，能迫使每戶家庭意識到計畫中在就業與投資方面未來可能會發生的重大改變，好比說教育、車輛以及房地產，並且確保短期的消費與儲蓄計畫能配合這些改變。有一些問題必須慎重考慮，例如：

- 未來 5 年內，是否可能發生任何重大的職業轉換，諸如轉職、跳槽、大幅的薪資差異、需要接受額外的教育或訓練？

圖 19.2　流動性評量

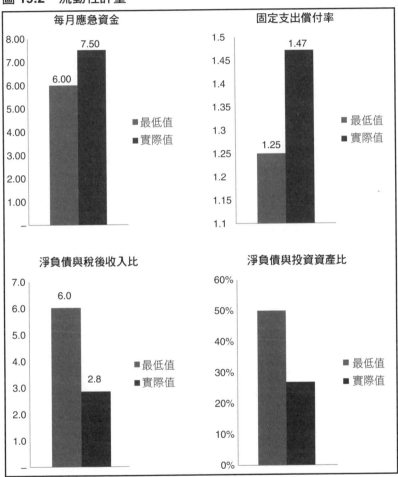

• 是否有計畫進行巨額消費，諸如購新屋、重新整修、車
輛、婚禮？

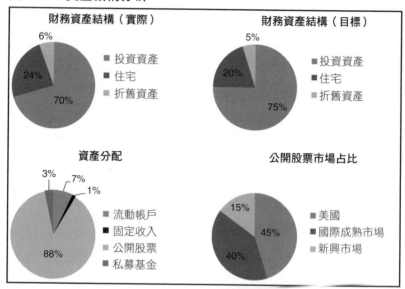

圖 19.3 資產結構分析

- 未來 5 年內是否可能收受大筆的意外之財，例如：繼承遺產、出售事業、股票選擇權？
- 消費行為是否可能產生重大改變，例如：照顧新生兒或年長的家庭成員，亦或是家人的教育費用？

達成財務目標該採取行動的分析法

目前為止介紹的所有分析都是在研究過去，這些分析能讓一戶家庭了解其財務健康現況。然而這些分析工具真正的效

圖 **19.4**　債務結構

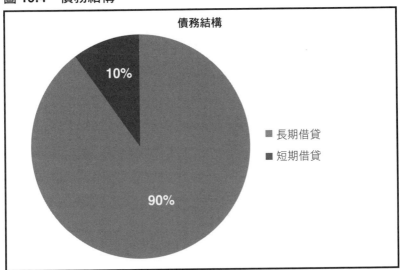

圖 **19.5**　淨值紀錄與分析

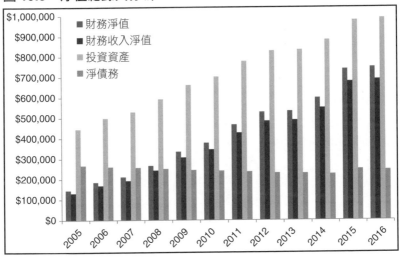

用，在提供家庭財務長一個精確的起始點與角度進行合理預
測，以釐清要達成財務目標該採取何種行動。

　　表 19.4 示範了家庭財務長該如何進行敏感性分析，這種分
析也被稱為**假設分析**，它能透露該採取何種行動才能達成理想
的退休財務目標，並顯示出一旦更動假設與目標將會如何影響
成功率。這份分析的主要假設條件包括退休消費目標、投資報
酬、實際稅率、社會福利津貼，以及退休倒數時間。

表 19.4　達成退休目標的兩種方案

每年稅後消費金額目標：**65,000** 美元		
選項一：**67 歲退休**		
預定退休日	2026/12/31	
退休年齡	67	
剩餘工作年份	10	
	只從預期報酬中取得花費	從本金與報酬中得得花費，直到 **90** 歲為止
目標退休資金	$1,253,333	$845,284
目前收入淨值	$689,000	$689,000
退休時收入淨值	$1,122,308	$1,122,308
必增加儲蓄金額	$131,025	-$277,024
退休前年度必儲蓄金額	$10,417	-$22,025
存款現值距達標尚需金額	**$80,438**	**-$170,069**
選項二：**提早 5 年退休**		
退休日期	2021/12/31	
退休年齡	62	
剩餘工作年份	5	

	只從預期報酬中取得花費	從本金與報酬中取得花費，直到 90 歲為止
目標退休資金	$1,253,333	$933,616
目前收入淨值	$689,000	$689,000
退休時收入淨值	$879,358	$879,358
必增加儲蓄金額	$373,975	$54,258
退休前年度必儲蓄金額	$67,680	$9,819
存款現值距達標尚需金額	**$293,019**	**$54,258**
假設		
退休目標：年度稅後消費金額	$65,000	
預期年度稅後福利津貼	-$18,000	
必要年度稅後儲蓄收入	$47,000	
實際稅率	25%	
必要年度投資收入	$62,667	
實際報酬率	5%	

　　在此範例內，我們假設主角預計在未來 5 到 10 年內退休，每年在扣除物價因素後希望能擁有 65,000 美元的消費額（年度稅後消費），並以此為目標擬定儲蓄計畫。此金額需求有部分會由年度社會福利津貼負擔，假設該津貼稅前金額為 24,000 美元，若實際稅率為 25%，那麼稅後金額便是 18,000 美元。所以該主角在退休後，除了稅後社會福利津貼之外，年度投資收入還需要達到 47,000 美元。然而在實際使用這 47000 美元之前，該主角無論是投資獲利，或是從個人退休帳戶或 401(K) 退休福利計畫提款，都需要繳稅。假設實際稅率為 25%，那麼年度投資收入便必須提高到約 63,000 美元（假設清算的投資多數存入

稅前的 401(K) 退休福利計畫與個人退休帳戶）。換句話說，從個人退休帳戶提款 63,000 美元，加上 18,000 美元的稅後社會福利津貼，才能讓該退休者年度稅後消費力達到 65,000 美元。

為了追求極致的財務安全，許多人希望從預期的年度投資報酬獲取退休生活花費，無須動用本金。根據表 19.4 的範例中，這個超級安全的策略需要在退休時存下幾十萬美元才能達成。除了這個保守的方法，另一個選擇則是在退休期有系統地使用本金與報酬（此例中，假設壽命為 90 歲，退休期為 23 到 28 年）。當然，這個方法確實有壽命高於預期導致金錢不敷使用的危機，然而機率非常低。

這些數字揭露了一些重要訊息。以一年 5% 計算，目前的財務收入淨值 689,000 美金，到 67 歲時透過複利會增加到 1,122,308 美元。為了在退休後達到預定消費目標而不動用本金，範例中的主角必須在 2026 年時累積額外的 131,025 美金。這筆額外金額可藉由每年儲蓄 10,417 美元直到退休來達成，或是即刻進行一筆 80,438 美元的投資。

此範例中的選項二則可以進行更深入的敏感性分析，若想提早 5 年在 62 歲時退休，必須增加多少儲蓄以獲得同樣的消費力。年度儲蓄金額必須從約 10,500 美元大幅增加到 67,500 美元以上。若選擇承擔更高的資金短缺風險，花掉本金並降低必要投資金額以達成退休目標，這張表顯示了在兩種退休年紀間將面臨的取捨。選項一顯示出若要在 67 歲退休，主角的儲

蓄金額已經超過目標。選項二則顯示若要在 62 歲時退休，唯一實際的方法便是在退休期間動用本金，並且在剩下的 5 年間每年須存下近 1 萬美元。

如表 19.4 所示，當我在考慮需要多少資金才能維持一定的消費力時，我通常會思考以下兩種情況。

1. 只使用計畫中的稅後報酬。左欄指出退休時約 125 萬美元的資產，若以 5% 的報酬率計算，將足以支應每年約 63,000 美元的清盤（售出），這將讓你達成消費目標且無須動用本金。這是最終極的財務安全，因為無需預測壽命長短。根據你的消費目標與假設報酬，你將永遠財務無虞。

2. 在退休期動用你的財務收入淨值。選項一的右邊欄位顯示，一個總值 845,284 美元的投資組合，在 67 歲～ 90 歲這段期間，同樣能支應每年 63,000 美元的清盤。換句話說，若願意在退休期間耗盡本金，那麼所需存款金額可以減少約 40 萬美元。

這些數字可以隨著財務收入淨值的改變、預期未來儲蓄率，以及你的就業期不斷更新。簡單來說，正確理解你的目前財務收入淨值，能讓您清楚研判退休目標的可行性，並明白當中所要面對的取捨。

　　當你試圖決定家庭淨值中哪個面向可以進一步開發時，應當先於理解每個因素如何互相影響最終結果。表 19.5 的情境分析中，我們預設以一位 25 歲的男性而言，其四項財富累積主要因素為：(1) 薪水；(2) 存款；(3) 投資報酬；(4) 退休年齡，並根據此假設分析個別項目的敏感度。

表 19.5　改變影響退休收入最深

	基本條件	增加薪資（10%）	增加儲蓄（2.5%）	增加稅後實際報酬率（1%）	延遲退休年齡（3 年）
假設					
終生平均薪資	$68,723	$75,595	$68,723	$68,723	$71,094
儲蓄率（稅後薪資）	10.0%	10.0%	12.5%	10.0%	10.0%
稅後實際報酬率	5.0%	5.0%	5.0%	6.0%	5.0%
退休年齡	67	67	67	67	70
結果					
退休時淨值	$567,381	$624,119	$709,226	$721,106	$679,813
變動百分比		10%	25%	27%	20%
至 90 歲的年度可消費金額	$42,064	$46,270	$52,580	$58,610	$54,550
變動百分比		10%	25%	39%	30%

　　該分析是假設各種敏感度的變化將帶來全面的影響。例如：從 25 歲到退休，儲蓄占比從 10% 增加到 12.5%。此分析所提供的關鍵資訊在於讓你了解當某項目數字改變後，將如何

影響退休後的年度可提領金額。財務收入淨值為退休後的消費
資金來源,增加投資報酬與延後退休年齡這兩項變化最能反映
在財務收入淨值上。增加工資與提高儲蓄率往往較為困難,並
可能影響生活品質,因為這意味著你得更努力工作同時降低
花費。然而靠著合理且低成本、低稅率的投資組合增加投資報
酬,以及選擇能夠延長職業生涯的工作,相形之下就容易得
多。如表 19.5 所示,在計入通貨膨脹、稅金、相關費用後的投
資報酬,只要成長 1% 便能使退休可花費金額成長約 39%。而
將職業生涯延長 3 年(總職業生涯增加 7%),預期退休消費額
將增加 30%。多數人在職涯晚期達到收入最高峰,延長職業生

圖 19.6　蒙地卡羅模擬

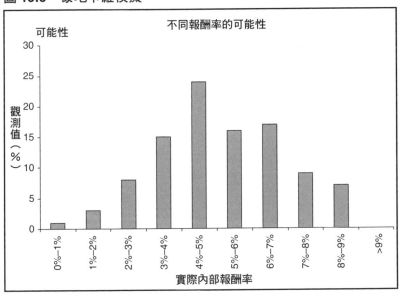

涯可使你的投資多出 3 年成長，同時也將減少 3 年的未來退休
開支。

圖 19.7　蒙地卡羅資金短缺模擬

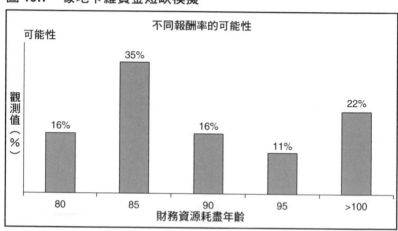

圖 19.8　一對 67 歲的夫婦至少其中一人活到不同歲數的可能性

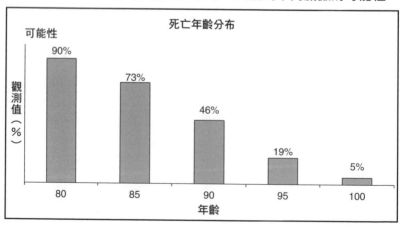

圖 19.9 一對夫婦只剩一位繼續存活時，發生資金短缺的機率

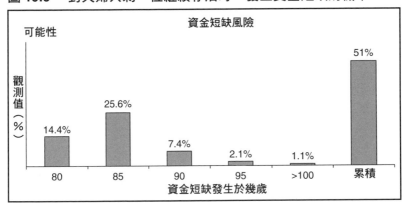

雖然這種敏感性分析提供了重要的見解，但其過於僵化的假設是一大缺點。此分析完美地假設你的投資稅後實際報酬率每年皆為 5%，而你將活到 90 歲。雖然這些都是根據歷史資料推演出的合理假設，但它們很可能是錯的。基於此原因，我建議使用蒙地卡羅模擬法來驗證這些假設。如此一來，不僅能讓家庭財務長對未來發展有所預期，同時也把變動性與資金短缺的風險納入考量。

身為家庭財務長，需要管理的不僅只是帳面上的平均值，還必須了解各種可能的結果，以確保你全盤了解可能遭遇的風險。第 22 章圖 22.1 的預測凸顯了退休人員面臨的兩大風險：投資報酬與預期壽命的不穩定性。在這裡，我們使用蒙地卡羅模擬法來呈現投資報酬與預期壽命可能會有的變化。圖 19.6 顯

示了你的投資年度複利報酬的模擬結果，假設條件為平均值5%，標準差為 2%。根據此模擬所產出的平均報酬率是 5.09%（非常接近我們的期望值 5.0%），但是如圖 19.6 所示，模擬結果有好有壞，一百個例子中有 51 個報酬率低於 5%。

使用這些模擬結果，如果我們預估倘若每年平均結清63,000 美元，那我們的儲蓄將於何時耗盡（圖 19.7）。毫無意外，儲蓄耗盡的預期年齡為 90 歲，然而資產在 90 歲前耗盡的風險相當高（在此模擬中高達 51%）。

除此之外，預期壽命的平均值也不大可靠。一名 67 歲的男性與女性其平均預期壽命分別為 83 歲與 86 歲，但這些平均值差距很大。圖 19.8 顯示了一對 67 歲的夫婦生活，至少其中一人活到不同歲數的可能性。最初的情境設定為假設所有資產在 90 歲時耗盡，這已是頗為保守的假設，然而在 90 歲時，其中一位配偶仍在世的可能性還是有 46% 之多。

這個模擬的目的不是要拿各種財務危機來恐嚇你，只是要強調你不能單純根據平均預期結果來製定計畫。你需要擬定一個成功的計畫，或者至少要有足夠的彈性面對各種合理的變化，當你的投資報酬率低落或者壽命長於預期，你的計畫中必須要有因應的對策。善用模擬分析，並且不斷更新你的儲蓄與消費目標，這將會是強大的工具。我們會在第 21 章中介紹還有什麼方法能解決這種不確定性，以及該如何擬定全方位的退

休計畫。

想削減開支，把焦點放在高額消費上

若想削減開支，就要跟隨錢的足跡，把焦點放在高額的消費上。

住宅

正如第八章所討論的，主要住宅通常是家庭投資組合中最大的資產之一，而且這並非很划算的投資，其預期的年度報酬還不到股票報酬的一半。考量購屋的高額花費與所有相關的費用，如稅金、維修、公用設施和家具，一戶家庭所能做的最佳投資之一就是不要購入更大的住宅。

子女

在美國，要把一個孩子從出生培養到 18 歲，所需費用最高可達 25 萬美元。然而這並非意味著要人們避免為人父母，而是鼓勵大家把育兒成本列為財務規畫的眾多考量因素之一。

車輛

汽車和卡車是示範如何省錢的一個好例子，並不是要你不買，只是晚點再買。折舊是購車初期的最大開銷，因此購買二

手車或延遲購買新車可以省下大筆費用。

降低開銷並非最重要的課題，而是要做出能夠避免開銷的決策。藉由避開大筆的、長期的、非必要的資金投資，不僅可以免去巨額消費，還能保有必要的財務彈性以確保財務安全。

資產負債表之外的無形資產

有些無形資產不會出現在家庭有限公司的資產負債表上，而且經常被忽略，例如信譽、人脈、教育或專業認證、信用評分。一如其他有形資產，你應該以最大化勞動價值與資本為目標，培養發展這些無形資產。

從財務角度看來，人生中有兩件事最好只做一次，那就是結婚與退休。何時該退休，這往往是個非常私人的決定，當中涵蓋許多財務以外的問題，諸如工作滿意度、健康狀況、配偶的想法。雖然我無法提供關於情感與婚姻的建議，但我可以分享以下的觀察：就財務觀點而言，人們很容易過早退休，但退休卻永不嫌晚，因此我寧願謹慎一些。若我有能力，我寧願多工作一兩年，以確保我已擁有我所需要的財務緩衝。每推遲退休一年，都會對你的財務狀況產生重大影響，此時你的收入通常已接近頂峰，每延後一年退休，賺取的年收入通常是初入行時的 5 倍以上。此外，每延後一年退休，你也縮短了退休後從

投資中提取消費資金的時間。一旦退休，要再重回職場並不容易，你的工作職責與薪資可能會大幅縮水。如果你對退休時機有任何疑慮，那就表示你尚未準備好！

做自己的人生財務長

　　本章介紹的工具不只能幫助你更加了解家庭有限公司，還能幫助你擬定計畫並照章行事。損益表、資產負債表以及各種分析，對家庭有限公司或是任何其他公司而言都非常重要。

　　計畫退休時不能盡信平均值。平均值能助你推測出最常見的結果，然而其誤差也不小。

　　退休時機對於退休後有多少資金可運用影響最鉅。一般而言，職業生涯的最後幾年是收入最高的時候，往往能累積特別高的儲蓄金額，這對退休計畫貢獻良多。此外，每推遲一年退休，退休後的財務需求也就縮短一年。

　　退休事關重大，你沒有犯錯的本錢，因此寧願多工作幾年也不要提前退休。人們往往會夢想在某個特定年齡退休。當你的財務淨值已達成退休目標時，就是該退休的時機。

PART 5

管理退休資產

你的家庭企業會在你退休後面臨轉變，但仍有許多事情得正確執行，才能將資產最大化以保護你的購買力，並且讓你的繼承人們從而受益。Part 5 中將提供許多相關工具。

第 20 章

了解退休後會面臨什麼轉變

　　退休後，你的資產管理目標與諸多限制都會隨之改變，因此管理資產的方式也必然要隨之調整。一如第七章討論過的，就業期的資產管理首要目標是追求增值，以支應未來退休後的消費，並且要替發生機率微乎其微的資金短缺狀況準備應急資金，有了這筆應急資金，就不用強行拋售股票以彌補赤字。投資者可以大量投資股票，並且有本錢承擔幅度更大的短期波動以換取更長期的增值。

　　只要你積極工作，通常可以藉由長期工作或貸款來減輕財務挫敗。退休就不同了。一旦退休，家庭資產管理目標以及家庭風險承擔能力便會發生實質變化。你的資產管理主要目標會從追求增值和籌措應急資本，轉變為資助年度消費金額，同時替未來幾年追求資產增值。這種變化會導致預期的投資期限較短，承受重大波動的能力變弱。同時家庭有限公司會失去財務彈性。你再也不能藉由增加工時來彌補赤字，沒有收入也會更難獲得貸款。消費的性質也可能在退休後發生變化，購買房屋

和車輛等資產的比重會減少，食品與醫療保健等必需支出會增加。你的消費結構本質會變得更加固定。

因應這些變化，你在退休時需要隨之調整投資與消費計畫，以巧妙平衡這些互斥的需求。

- 擬定一個適當的消費率，必須提供充足的緩衝，一方面防止你在過世前就錢財散盡，同時又不會過度降低生活品質。
- 規畫一個即使在惡劣的市場環境也能穩定獲利，以資助年度消費的投資組合，同時還要藉由大量的證券曝險獲得增值，方能替未來消費提供資金。

第 16 章提供的資產配置規則允許家庭財務長能有效地平衡這些互斥的需求。以家庭消費計畫為基底，擬定固定收入目標，如此一來，就能同時保持短期的消費彈性，並且藉由股票曝險使得實際購買力長期增長。

第 21 章

安穩入眠——保險讓退休生活有保障

我們在第 6 章討論過如何運用保險以避免家庭有限公司喪失潛在勞動力。家庭可以購買人壽險或殘廢險，如此一來，當成年人在尚未有機會將預期勞動力價值轉化為金融資產前身故或殘障時便能獲得理賠。晚年的財務管理則可利用其他類型的保險，例如：長壽保險（年金保險）和醫療相關保險（長照險和補充醫療保險）。

長壽保險的效益

當人們壽命超出預期，長壽保險的給付金額便足以支應額外的生活費用。從圖 21.1 可以看出，一對夫婦中的其中一人很有可能活得比統計平均值要長得多。

長壽與否所帶來的不確定性會劇烈影響一對退休夫婦的生活品質，這對家庭財務長而言是一項重大的規畫挑戰。倘若你

圖 21.1　一對 50 歲的夫婦至少一位成員在不同年齡段依然存活的可能性

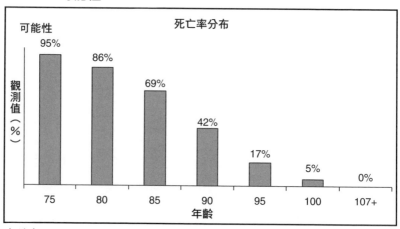

資料來源：領航投資公司（Vanguard），2011。

的壽命超出財務規畫預期，便可能耗盡財務資源，如果你有子女便得依靠他們過活。另一方面，如果你採取極端保守的態度，先行假設你或你的配偶將活到 100 歲（可能性為 5%），那就勢必得削減許多開支，而這會使整個家庭付出沉重的代價。

年金保險概要

　　長壽保險是以年金合約形式購買。簡單來說，你今天一次付清一筆款項，便能換取未來一系列給付。這些給付可以是特定期間（例如：30 年）內給付固定金額，也可以是以特定事件（例如：配偶一方或雙方死亡）為給付標準。年金給付金額

可以根據各種指標調整，例如：通貨膨脹或投資組合的獲利表現。選擇適當的指標可以確保受益人保持不變的購買力，並在股票報酬率超出預期時獲得潛在收益。

　　由於年金是一種保險產品，因此有一些獨特的稅收算法。在實際提領前所產生的收益可以免稅，然而超過本金的收益會被視為收入徵稅。從投資角度看來，年金相對得付出較多相關費用，例如：強制性的資產管理費、保險經紀佣金和嵌入式保險費。若不透過保險經紀人而是改為直接向保險公司購買，便可以省下部分費用。

年金經濟效益

　　年金給付有三個來源：初始投資的年度報酬、該筆資金的利息，以及「死亡信用額度」。這筆信用額度可以讓最長壽的人受益。對所有購買年金保險的人而言，若有人早於預期時間過世，他們所付出的保險費將為其他年金持有者帶來收益。對於壽命較長的年金持有者而言，這筆死亡信用額度會隨著年齡顯著增加，並且能以此避開長壽的風險，其所產生的報酬即使在更廣闊的金融市場也難以匹敵。此筆報酬完全足以支應長壽所衍生的相關費用。

　　為了評估年金經濟效益，我們在此進行一個單純的假設。假設一位 65 歲的男性購買傳統的固定給付型年金保險，他一次繳付 10 萬美元的投資金額，以換取年度給付額 6,788 美元

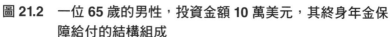

圖 21.2　一位 65 歲的男性，投資金額 10 萬美元，其終身年金保
　　　　障給付的結構組成

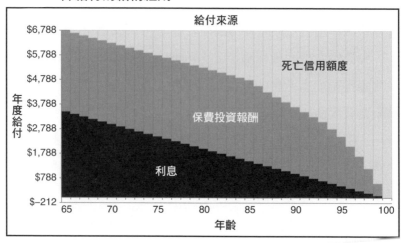

資料來源；勞倫斯　沛卓與史考特‧德蒙帖（Lawrence Petrone and Scott
　　　　deMonte）所著的「收入型年金改善退休投資組合報酬」，財
　　　　務研究公司，波士頓 2010。資料來自紐約人壽保險公司，2010
　　　　年 4 月 1 日的利率。

（初始投資金額的 6.8%）。圖 21.2 顯示出，給付來源會隨著時
間推移而改變結構。年金持有者何時死亡會決定這筆投資的內
部報酬率。一位普通的 65 歲男性，如圖 21.2 所示，預計能活
到 83 歲左右。從 65 ～ 83 歲的 18 年間，年金支付總額為
122,184 美元，內部報酬率為 2.2%。如果年金持有人能活到
100 歲，報酬率將提高至 5.9% 左右。＊

＊ 6.8% 的現金給付包括本金投資報酬，所以內部報酬率較低。

　　以 65 歲之齡活到 83 歲或 100 歲，分別賺取 2.2% 或 5.9% 的年度投資報酬率，若純就數字而言，這樣的報酬率我並不滿意。然而年金保險的報酬率雖頗為平庸，若以合適的價格購入，依然不失為一筆頗具吸引力的投資。年金保險提供持續性給付，這有助於退休人士預做規畫，並且能完美地迴避長壽風險。你活的愈久，就會消耗愈多金融資產，但給付的年金總額也會更多。固定收入型年金就如同社會福利一般，無論你的投資組合中其他資產表現如何，它們都不受影響，因此購入年金保險可以替你的投資組合帶來多元化價值。但儘管這種多元化頗有助益，但在所有長壽避險的選擇當中，此選項只能排名第二，而且遠遠落在第一名之後。

購買年金的成本如何最小化？

　　讓我們把重點放在兩個能讓你以合理價格享受年金好處的技巧。

推遲購買年金

　　當你在人生相對早期就購入年金保險時，確實較有可能領取較高的給付金額，因此年金所帶來的報酬足以彌補你投入的本金與利息。當你在人生晚期購入年金保險，很有可能無法收到同樣金額的本金與利息（你名義上的投資報酬率會下降），

然而實際上你卻獲得更多的「保險」（死亡信用額度）。

　　圖 21.2 所凸顯的主要問題在於投資者獲得的報酬，大多是來自利息以及保費的投資報酬。投資者大可透過股票與債券賺取同樣報酬，而且還無須給付年金保險的高額行政費用。然而若推遲 10 年再購入年金保險，一切就不同了。一名 75 歲的男性可以用 76,270 美元的價格，換取餘生中每年可獲得 6,788 美元的給付金額，降價幅度達 24%。如果他活到 85.5 歲（男性的預期壽命為 75 歲），這項投資的內部報酬率為 -1.9%，如果他活到 100 歲，那麼報酬率就會上升到 7.4%。延遲購買年金，其投資雖可能會因此獲得較低的預期報酬，但同時也會增加死亡信用額度，這足以應付壽命較長的衍生成本。

購買進階遞延年金

　　這種產品通常是在退休後或退休前夕購買，但是要等到晚年才開始領取給付金，好比說 85 歲。延長購買和給付間的等待期，是另一種提高保費價值的方式。以圖 21.2 花費 10 萬美元購買即期年金的 65 歲男性為例，他可以拿這 10 萬美元購買進階遞延年金，並從 85 歲再開始領取給付，此時每年給付額可達 62,000 美元。藉由將領取年金給付的時間推遲 20 年，購買者每年領取的給付額可增加 9 倍以上。

　　持平而論，這兩種方案所帶來的預期投資利潤相差無幾，事實上，兩種方案都會增加結果（你在世時能收取多少款項）

的波動性，而這本是我們在其餘投資組合中試圖避免的。然而此處的區別在於這種波動性足以支應家庭的消費需求。倘若有人在 65 歲時購買了進階遞延年金，並在 70 歲時死亡，這會是一筆很糟糕的投資，但反正這些錢都用不到了。然而若買方活到 100 歲，這會是一筆優異的投資，內部報酬率為 8.5%，原始投資金額增值 800%。我們得先承認，人們活到 100 歲的機會相當小，但是比投資價值更重要的，是這項投資能讓你完全承擔意外長壽所增加的消費需求。事實上，正因為本產品能保證給付年金，這會讓你有餘裕提高提款率，讓你的投資組合中的其他項目承受較高的風險。

購買年金應遵守的規則

在考慮購買年金保險時，我建議遵循以下規定：

• **若能力所及，自我保險才是王道。**考量相關費用與保險費，長壽保險對於那些資產可能不足以支應長壽需求的家庭來說是最有利的。但倘若你已獲得足夠財富，足以支應你未來預期的年度消費金額，而且無論壽命多長均無耗盡資金的風險，那麼自我保險是可行的（下一章將介紹更多關於如何確定你究竟應該自我保險或選擇年金的細節）。

- **購買會最大化壽險比率的年金，以得到保證報酬**。我指的是較晚購入即時年金（65 歲之後）或是購買晚期才開始給付的遞延年金。這些產品提供最大的槓桿作用，你所預付的每分錢都能被定義為長壽保險（死亡信用額度）。

- **購買防通膨雙長壽年金**。我在此推薦這種產品，它會根據通貨膨脹調整年度給付，讓購買者保持實際的購買力，而且只要配偶其中一方還在世，便會持續支付年金。有些年金的規定是當配偶其中一方死亡時給付金額便會縮水，通常只會剩下初始給付金額的 50% ～ 75%。尋找降幅不超過 25% 的產品，畢竟當配偶去世後，生活開支並不會等比下降。

- **選擇最適合你的年金保險金額**。年金保險旨在藉由提供你所需的最低金額以防止你消耗其他資產，從而保護你免於資產耗盡之苦。我通常將最高年金金額定為每月固定支出總額減去預期的社會福利津貼與其他固定給付金額，例如：退休金。

- **直接購買**。為了避免高額的銷售佣金，盡可能直接向保險公司購買這類產品。

- **追求高信用評等**。由於年金產品為期較長，因此只能向評等最高的保險公司購買。其信用評等不可低於標準普爾（Standard & Poor）的 AAA 級或是 A. M. Best 的 A++

級。雖然信用評等較低的公司可能會提供略優的的給付金額，但考量你的投保需求，這種風險萬不可接受。

- **隨時間推移逐步購買年金**。隨著時間過去，或許你會想購入一個以上的年金保險。畢竟利率會變化，而利率會決定給付金額多寡。你對穩定收入的需求和你對家人壽命的看法也可能會改變。若你決定購買多個年金產品，我強烈建議你分散購買多家保險公司的產品，以防止你的保險公司遇到財務困境而無法履行合約。

- **在投資組合中減少其他固定收入曝險，以應對增加的年金曝險**。年金保證履約的付款特質與債券頗為類似。因此，購買年金的每一塊錢，都會隨之增加固定收入曝險。雖然年金具有固定收入的諸多特質，但其成熟期更長，當緊急事件或意外事故發生時無法成為有效應急資產。即便如此，我還是建議將 3 年固定收入消費目標減少為一年，把這筆錢用來購買年金。然而無論你購入多少年金，都要維持獲得現金的能力，因此儲蓄金額不可低於 2 年固定收入總額，且不得計入年金報酬。

平反各種對於年金的批評

　　儘管年金保險具有長壽保險的誘人特質，但是在多數退休人士眼裡，此產品意外地不受歡迎。我列出了關於年金的常見

擔憂與我的回應。

- **我擔心如果我提早過世就拿不到該拿的錢**。這一點千真萬確，然而若你提早過世，錢也用不到了。
- **年金是項糟糕的投資，我可以藉由自行投資來獲取更高的報酬**。這一點也極可能為真，但是持有一個能給付壽命增長成本的長壽保險極具價值。除了預期的投資報酬外，它也是能令家人放心的避險良策。
- **購買年金會減少繼承人的遺產所得**。這是一種不健全的想法。因為無論您是否購買保險，繼承人預期繼承的財產現值其實相差無幾，然而若有長壽保險，遺產的波動性會因此減少。假設你提早過世，倘若你沒有年金保險，繼承人會得到更多遺產。然而要是情況相反，你的壽命長於預期，若你持有長壽保險，你的繼承人也將會繼承更多財產。此外，如果你並未購買長壽保險但卻耗盡了資產，你就可能成為繼承人的負擔，我認為這是最糟糕的情況。

將社會福利視作年金保險

　　在 Part 1 中，我們曾提及社會福利基本上算是政府規定的年金。事實上，它提供了許多類似保險附加條款（附加政策特

徵）的輔助福利，例如：對社會福利收入提供較低的稅率（從當前稅率的 0% ～ 85%，取決於總收入而定）、已達退休年齡的配偶遺族可拿到 100% 的撫恤金、津貼隨通貨膨脹調整，由已故家屬扶養的殘疾家庭成員還能享有額外福利（最高可領亡者身前津貼額度的 180%）。雖然你無法控制你總共得向社會福利繳納多少錢，但你可以選擇在 62 ～ 70 歲之間的任何時間點開始領取津貼。圖 21.3 顯示一名年屆退休年齡（66 歲）時有資格每月領取 1,000 美元福利津貼的收款人，若是更改領取津貼的起始日期將如何影響其領取金額。

　　藉由將你領取社會福利津貼的年齡從 62 歲推遲到 70 歲，

圖 21.3　每月津貼總額差距，取決於你開始領取津貼的年齡

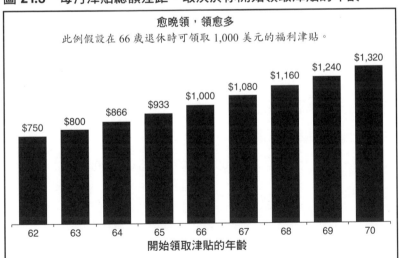

資料來源：社會福利局，刊物編號 No. 05-10147，2014 年 1 月。

基本上這就是一種遞延年金而非即期年金。如圖所示，這會提高你的死亡信用額度。你無法控制是否要購買社會福利，但你可以選擇提供最大死亡率保險的方案來最大化其報酬。

健康相關的保險產品

　　一對沒有保險的退休夫婦其平均醫療費用，在計入包括美國醫療保險 A、B、D$_*$ 的保費與自費金額後，在 2012 年的平均值為 8,600 美元。一對 65 歲夫婦倘若終生沒有醫療險，其包括養老院費用在內的醫療總額在 2009 年的平均值為 26 萬美元（換句話說，如今得進行一筆 26 萬美元的投資才足以支付這些預期的終身醫療成本）。然而平均終生醫療費用現今已有顯著變化。按照今日美元幣值計算，第 95 百分位數的終生醫療總成本為 57 萬美元。養老院費用只占平均預期終生醫療成本的一小部分（24%，即 6.3 萬美元），但這些成本也是造成顯著變化的主要驅動因素：以第 95 百分位而言，養老院成本占終身成本達 45%，也就是 259,000 美元。雖然這些預期的未來成本

---

* 美國醫療保險 Medicare 的主要福利共分四類，A：聯邦政府針對住院治療或護理費用提供的醫療保險。B：聯邦政府針對門診費用提供的醫療保險。C：聯邦政府經由商業保險公司所提供的醫療保險。D：聯邦政府針對購買處方藥提供的醫療保險。

會隨著年齡增長而下降，但降幅甚微，一如圖 21.4 所示。年齡愈大，預期壽命就愈長，而終身醫療成本中絕大部分都是用在生命末期。

長照險 ── 負擔慢性疾病的費用

為了消除與這些未來健康成本負債相關的一些波動或風險，家庭財務長可以考慮購買長期護理保險。本保險旨在為慢

圖 21.4　特定年齡區間的餘生醫療保健費用平均值與第 95 百分位數值，內含養老院費用

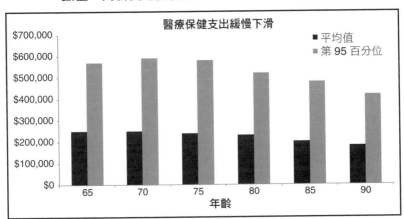

資料來源：安東尼・韋伯與娜塔莉亞・錫凡（Anthony Webb and Natalia Zhivan）所著之《65 歲後，終生醫療支出為何？》（*What Is the distribution of Lifetime healthcare Costs from age 65?*）栗樹山，麻薩諸塞州：波士頓學院退休研究中心，2010。

性疾病費用提供資金，包括飲食、洗澡和如廁方面的援助。照護服務無論在家庭療、養院或輔助生活機構中都能提供。65 歲以上的人們當中約有三分之二最終會需要某些長期護理服務，其中 20% 的照護期長達 5 年以上。

　　儘管美國醫療保險支付了約 43% 的長期護理，但是你必須先近乎耗盡所有私人資源才能申請給付。美國醫療保險所涵蓋的護理服務有限，通常都是用於短期服務以及某些特殊情況的恢復期。總之，一對 65 歲的夫婦很可能會需要某種長期護理服務，要想得到保障就必須自我保險或購買長照險。

　　具體的保險產品推薦清單並不在本書討論的範疇內，但選購此類產品有幾個重要的標準，包括每日給付金額、免責期（你在索賠前需要等待多長時間 —— 類似於扣除條款）、最長受益期限、是否能與配偶共同獲得給付、通貨膨脹保護以及無論健康狀況如何都能保證續約。隨著個人情況和保單條款的不同，保費差異亦相當大。然而在 2010 年，55 ～ 64 歲的人，若購買一份年平均 90 天免責期、4 ～ 5 年終身津貼、150 美元日常津貼以及通貨膨脹保護的保單，期平均售價為 2261 美元。研究指出，購買長照險產品的保費，每 1 美元通常只能獲得 80 美分的津貼。

做自己的人生財務長

如果您有金融資產能夠承擔這些風險和潛在負債，最好透過自我保險以支應超出美國醫療保險所涵蓋的長壽風險和退休醫療費用。若純粹做為投資，保險通常是糟糕的選擇，應該購買防止財務困境所需的最低金額即可。對於那些沒有資產基礎能進行自我保險的人而言（考量到長期護理可能導致的巨大經濟負擔，多數美國人都需要），應該考慮購買這類保險。

年金和長照險應該同時納入考慮，因為這兩類保險是高度相關。活得愈久，年金便可以帶來更多報酬。然而預期的醫療保健成本也會隨著你的壽命延長而增加。

年金是更為靈活且優越的產品，因為它們不僅為長壽提供保障，也為醫療費用提供保障。此外，年金保險定價往往比長照險更具吸引力。

投資股票和購買人壽保險等許多財務決策，愈早入手愈有利。然而對於年金而言，情況正好相反。我相信這些產品愈晚購買，其條件會最具吸引力。例如：到 70 歲時，你會更清楚掌握你的伴侶與你的健康狀況、投資表現以及社會福利。因此你可以針對購買年金一事做出更明智的決定，同時有效利用你的錢：較晚購買年金其給付會高出許多，並且最大化死亡信用額度。

第 22 章

退休需要存多少？會有多少開支？

天有不測風雲乃是常理。今天出門會下雨嗎？車子開到這里程數會不會突然拋錨？今年收入多少？明年呢？健檢會不會發現問題？這些問題的答案不確定。對此，我們心知肚明、坦然接受，盡人事，聽天命。可是面對退休這件事，許多人不見得能同樣處之泰然。我們今天就想知道，退休的日子能過什麼樣的生活！試想，你會跑去問老闆你接下來 30 年的收入嗎？多少可見這份期待之無理。這種問題的回答，大概類似看情況：看你的績效、公司的績效、就業和通膨等大環境，諸如此類。結論就是你未來的薪水要看的因子，根本不是今天底定。同理，你的退休開支也是。

本章要講解退休規畫的架構，包括如何估算退休收入，及依照投資報酬與開銷需求的新資訊調整你的計畫，進行退休生活理財。這是很好用的工具，讓你體認到決定退休這件動作，必須取決於某個時間點手上握有的資訊，進而常保良好的退休生活。

　　屆臨退休年紀，很多人會自問：「我有能力退休嗎？」換言之，我有沒有足夠的錢支應直到臨終之前的必要消費？老實說，答案是一個人終身對於職涯、消費、儲蓄，以及最重要的——退休時間點——做出的行動、規畫、決策的結果。退休是如此重大的決定，著實需要好好鑽研分析一番。

　　本章將會探討退休規畫的方法，實際計算需要的儲蓄金額、達成退休開支目標需要承擔的風險程度，與其他的層面。當你覺得剩沒幾年就要退休，大概會對這方面的題材非常感興趣，樂意好好研讀，確保能掌握退休生活財務安全（個人化的退休生活假設，請利用 familyinc.com 的工具）。若離退休日還遙遙無期，不妨稍作瀏覽，過幾年再回頭精讀。

提領 4% 法則 —— 最常用的退休規畫法

　　提領 4% 原則可能是最常被引述的退休規畫法。這法則出自 1998 年德州聖安東尼奧三一大學一群教授的論文，用最簡單的話說，當你每年從投資組合期初價值提領 4%（隨通膨調整）來支應退休開銷，可以將「山窮水盡」的風險壓到極低。這個提領數字的根據，是一般投資組合的股債比六比四，加上 30 年維持不變的通膨指數化提領率。從歷史來看，這麼規畫的成功勝算是九成（亦即 10 次有 9 次 30 年期末餘額為正數）。成功機率的算法是用前面章節介紹過的蒙地卡羅模擬，拿歷史

報酬來回溯測試各情境。這些模擬乃基於一堆假設，以致得出
的提領率，與其說是解答，更像是盤算的起點。這方式受限於
顯著的變異和風險，能視實際投資報酬與支出決定，隨時予以
修改。

　　底下是 4% 法則的若干基礎假設：

- 未來報酬的型態與歷史報酬相同。
- 支用退休資產的所有家庭成員，自退休日起算的餘命，
  皆不超過 30 年（若夫妻 45 歲就退休，這法則不適用）。
- 採用的是傳統股票固定收益 6：4 的投資組合配置，並
  運用低成本的投資策略，壓低費用和稅金的失血。
- 首要之務是滿足退休期間的消費之需，而非留下遺贈。
  建議提領率目的是在 30 年內耗盡財富的前提下，極大化
  退休的消費。

　　來看看理財業界如何應用這 4% 法則來預測家庭因應退休
要做的儲蓄。後面的數字是根據第 19 章的家庭損益表和資產
負債表，雖說不是以準備退休的夫妻為例，仍可得到不少關於
支出的啟示。底下是應用 4% 法則的步驟。

1. **決定當期稅後消費**。例子的損益表顯示，家庭每月支出
   7,200 美元，或每年開銷是 86,400 美元。

2. **減去估計的退休金和社會安全收入。**這家庭預期沒有退休金，但預期 67 歲時，夫妻雙雙會收到約 2,000 美元的每月社會安全給付。

3. **運用 4% 法則決定投資產生的收入。**運用 4% 法則，家庭的投資 739,000 美元（不含自用住宅）產生 29,600 美元的年配息，加上預期的年社會安全款項，稅前所得約為 $77,600 元。假設有效稅率 25%，這家庭手上有 58,200 美元的稅後現金流量，可用來支應 86,400 美元的消費——亦即 28,200 美元的赤字。

4. **籌措必需的儲蓄。**弭平缺口的方式，有少花或多存。不過全靠額外儲蓄的話，得籌措將近 940,000 美元的本錢，如此用 4% 法則，才會產生稅後所得 28,000 美元打平赤字。所以說，這家庭可能難免要緊縮退休的開銷。

　　我是支持用這種分析來建立必要儲蓄和預期退休消費之間的關係，但是我建議另一種相當不同於主流 4% 法則的方法，以更貼近真實世界的情況。大致而言，理財業界在這方面有點守舊。若是工作期間，理財顧問會替你「客製」一套投資方案（好收取費用），並說這是配合你的個別需求和風險容忍度，不過換成退休的情況，多半則一體適用 4% 法則，罔顧你的個別退休情況。

　　我的看法正好相法。考慮資產配置時（管控投資風險），

我認為應該只有一個決定風險容忍度的變數：變現的預期時間天期。天期愈長，愈適合提高股票曝險。當退休近在眼前，得決定提領率時，你必須一併決定自己能容忍的最低可接受短絀風險。諸如餘命、健康現狀、整體財富、固定成本和年金與社會安全給付之類的保證收入，都會顯著影響退休人士的風險狀況，進而影響最適的提領率。今天的消費與未來儲蓄告罄之間的角力，視每個家庭各自的情況而不同。

來看真實世界的例子。我爸 75 歲「正式」退休，但還有兼職。他跟我媽坐收社會安全給付跟退休年金，幾乎沒負債或固定支出的義務，兩人有買長期看護險，而且消費幾乎都是用退休年金來支應。我哥跟我財務無虞，所以兩老不用替我們盤算。我爸的投資組合多是股票。拿我爸的情況跟我外婆對照，外婆快 60 歲時喪夫，早早退休，搬到娘家附近。她靠社會安全給付、微薄的教師退休金，及為數不多的積蓄度日；她將多數積蓄投資公債，在大蕭條期間倖存；她最大的資產是房子，但有抵押房貸。外婆故事的重點，可能是她有受教育、意志堅強，打定主意獨居，自立自強，不拖累三個女兒。外婆的母親高齡 97 歲，她也做好了在家終老的打算。

許多理財顧問很可能對風險迴異的對象，建議同一套的4% 提領法則。我外婆的情況，我認為 4% 法則（30 年內有10% 機率缺錢）對她太冒進。快 60 歲那時，命長過 30 年的機率很顯著；她的固定支出相對收入很高，而且投資一面倒向固

定收益。最重要的，短絀的成本對她而言很明顯，下場是仰人鼻息。

　　反觀我父母的情況，提領 4% 卻顯得太保守。活到七十多歲，我父母的餘命顯然少於 30 年；他們無債一身輕、坐收即使積蓄花光仍足敷眼前消費、生活品質無虞的大筆保證收入。我爸喜歡開玩笑說，他生不帶財，打算死的時候比照辦理。我希望他說到做到，因為這表示他命長，而且老有所終。對我爸來說，儲蓄用完的後果微不足道。

先決定可接受的短絀比率

　　如第 18 章的模擬分析所示，短絀風險（退休期間錢用光的可能性）受三件事影響：

1. 每年通膨調整提領率。
2. 投資組合組成。
3. 支出期間。

　　圖 22.1 能用來提出適合我爸跟外婆個別情況的建議。我爸的投資組合偏重股票，平均 75% 是股票、25% 債券；77 歲時，他的支出期上看 20 年，這數字對他跟我媽夠長了。圖 22.1 顯示，通膨調整提領率 4% 的情況下，他基本上沒有積蓄用完的

圖 22.1　各種通膨調整提領率、投資配置與支用期間之下的估計投資組合失敗率

短絀的機會							
支用期間	年提領率						
3%	4%	5%	6%	7%	8%	9%	10%
100% 股票							
15 年　　0%	0%	0%	6%	14%	24%	29%	36%
20 年　　0%	0%	8%	20%	28%	35%	48%	55%
25 年　　0%	0%	12%	25%	37%	50%	58%	67%
30 年　　0%	2%	20%	38%	45%	56%	67%	73%
75% 股票 /25% 債券							
15 年　　0%	0%	0%	3%	13%	23%	30%	44%
20 年　　0%	0%	5%	20%	28%	40%	51%	69%
25 年　　0%	0%	13%	30%	42%	58%	68%	80%
30 年　　0%	0%	18%	40%	55%	65%	87%	95%
50% 股票 /50% 債券							
15 年　　0%	0%	0%	1%	16%	29%	39%	56%
20 年　　0%	0%	6%	20%	37%	57%	69%	77%
25 年　　0%	0%	17%	40%	58%	77%	87%	92%
30 年　　0%	4%	33%	49%	78%	91%	100%	100%
25% 股票 /75% 債券							
15 年　　0%	0%	0%	1%	23%	41%	66%	66%
20 年　　0%	0%	18%	48%	74%	86%	91%	97%
25 年　　0%	5%	42%	68%	75%	85%	92%	93%
30 年　　0%	20%	69%	78%	93%	100%	100%	100%
100% 債券							
15 年　　0%	0%	0%	19%	46%	63%	66%	73%
20 年　　0%	3%	35%	63%	71%	72%	83%	92%
25 年　　0%	38%	67%	77%	82%	92%	92%	98%
30 年　　0%	65%	78%	89%	98%	100%	100%	100%

　　■ 跟我爸關係較大的選擇　　　■ 跟我外婆關係較大的選擇

資料來源：模擬數據：Philip L. Cooley, Carl M. Hubbard, and Daniel T. Walz,
　　"Portfolio Success Rate: Where to Draw the Line," Journal of
　　Financial Planning 24, no. 4 (April 2011).

風險，自己大意賠光的機會還比較大。我爸的情況，他大可冒險，把失敗率的目標訂在 50% 左右，沒什麼大問題。看數字的話，我爸的提領率可訂在約 9%，是 4% 的 2 倍不只。

　　另一方面，我外婆的投資組合，更接近 25% 股票、75% 債券的組成，而且她的規畫年期上看三十好幾。提領率訂 4% 的話，她的失敗風險有 20%，對照她的情況，數字照理應該砍到一半以下。用圖 22.1 可看出她在消費、時間、投資組合組成三者之間的取捨。例如：未達成可接受的短絀風險，她可以把提領率減為大約 3.5%，或者把投資組合調整為 50% 股票、50% 債券，提領率不變（短絀風險剛好也是 4%）。注意，她實際上是用更高的股票曝險，來降低短絀的風險。

　　這套分析讓我外婆得以評估選擇的退休規畫，可能對第二順位的規畫產生的影響，像是給三個女兒的遺產，或是屬意慈善事業的贈與。圖 22.2 用一樣的套入值 —— 通膨調整提領率、投資組合組成、支用期間，但改成表示中位數的期末投資組合價值，而非短絀的風險。例如：外婆設定 50% 股票、50% 債券的投資組合、30 年支用期間、4% 通膨調整提領率後，中位數期末組合價值為 297% 的期初組合價值；換言之，一開始外婆若積蓄 100,000 美元，30 年後最可能的結果是 297,000 美元。

　　要小心這些預測情境的準確度，可能不盡實際。圖 22.1 顯示的失敗率，是根據 1926 ～ 2009 年間 S&P 500 和高等級美國

圖 22.2　各種通膨調整提領率、投資配置與支用期間之下的估計投資組合失敗率

支用期間	財產續增或耗盡							
	年提領率							
	3%	4%	5%	6%	7%	8%	9%	10%
100% 股票								
15 年	383%	176%	301%	246%	202%	143%	86%	48%
20 年	673%	581%	510%	342%	195%	122%	36%	0%
25 年	871%	630%	510%	293%	168%	0%	0%	0%
30 年	1293%	1008%	724%	413%	125%	0%	0%	0%
75% 股票 /25% 債券								
15 年	314%	160%	216%	177%	129%	94%	61%	28%
20 年	455%	373%	297%	205%	123%	45%	0%	0%
25 年	598%	424%	288%	151%	38%	0%	0%	0%
30 年	853%	597%	355%	134%	0%	0%	0%	0%
50% 股票 /50% 債券								
15 年	232%	139%	154%	127%	89%	49%	18%	0%
20 年	287%	2236%	167%	107%	47%	0%	0%	0%
25 年	373%	244%	145%	58%	0%	0%	0%	0%
30 年	475%	297%	138%	1%	0%	0%	0%	0%
25% 股票 /75% 債券								
15 年	160%	101%	78%	46%	6%	0%	0%	0%
20 年	179%	120%	78%	27%	0%	0%	0%	0%
25 年	185%	94%	7%	0%	0%	0%	0%	0%
30 年	233%	63%	0%	0%	0%	0%	0%	0%
100% 債券								
15 年	133%	85%	61%	30%	5%	0%	0%	0%
20 年	106%	62%	15%	0%	0%	0%	0%	0%
25 年	92%	10%	0%	0%	0%	0%	0%	0%
30 年	63%	0%	0%	0%	0%	0%	0%	0%

跟我外婆關係較大的選擇

資料來源：模擬數據：Philip L. Cooley, Carl M. Hubbard, and Daniel T. Walz, "Portfolio Success Rate: Where to Draw the Line," Journal of Financial Planning 24, no. 4 (April 2011).

債券的報酬。當你在自己的規畫，套用這些失敗率，意謂接受這 83 年的報酬率，能代表你在提領期間的報酬。不過即使你不如此認為，此處呈現的提領率、投資配置、支用期間的一般關係，仍很可能實現。請上 familyinc.com 進行自己的提領敏感度分析。

圖 22.2 重新肯定長期股票投資的好處。這圖顯示若外婆把投資組合，從 50% 股票、50% 債券，改成 100% 股票的話，不僅能讓短絀的機率從 4% 降至 2%，還能使預期期末組合價值來到初始值的 1008% 之譜。這項爆發性的預期價值成長，凸顯出檢討退休的財務，納入實際經驗的重要性。一旦增值開始實現，即使用的是第 16 章的資產配置建議，而非真的 100% 押寶股票，外婆仍可顯著增加年提領額。

四步驟訂出提領比率

提領率該訂多少？解答有幾個步驟。

1. **決定預期投資組合組合。** 若你採信本書的建議，屆退之際，很可能會訂出高於 75% 的股票暴險。這裡姑且假設你家退休時，持有 75% 股票、25% 債券。
2. **決定預期支用期間。** 我建議參考生命表（mortality table）來預想年齡和配偶存活狀態。例如：家中兩老退

休時無病無痛的話，長達 30 年的支用期間，算是合理
假設。

3. **決定可接受的短絀風險**。假設家庭的目標是在極大化消
費與留下遺產之間取得平衡，於是將短絀風險的容許門
檻訂為 20%。

4. **逼近估算提領率**。套入上述值，回頭查照圖 22.1 和 22.2
的可能通膨調整提領率。例如：本例子的家庭會把偏好
的通膨調整、費用後提領率訂為 4.75%，進而得出預期
失敗率接近 18%，且預測的投資終值大約落在 350% 的
退休期初值。

決定出滿足本身情況的潛在退休提領率後，有幾個調整動
作能確保如此規畫貼近現實理財。不會拖到退休投資的重大項
目，如 70 歲前延領社會安全給付所需的生活費，或舊抵押房
貸的剩餘還款，資金要先有著落。看表 22.1 的退休計畫範例，
棄領的收入或剩餘的還款要從資產負債表的資產項減去，而且
抵押貸款的款項沒有列入年費用。這麼做的用意是為數不多的
還款，直接以投資支付，不會扭曲長期年度開銷規畫。

表 22.1　個人化傳統 4% 提領法則及減少所需的退休資本

	傳統 4% 法則	調整後提領率
投資資產	$98,900,000	$989,000
調整項：		
信用卡債		-$30,000
房屋價值	-$250,000	-$250,000
未償付抵押貸款餘額		-$200,000
棄領社會安全		-$249,600
預期保健負債		
調整後投資資產	$739,000	$259,400
扣除投資費用		
標準 4% 法則	4%	4%
最低限度安全短絀調整 (+/-)		1%
投資費用折讓		-0.25%
調整後支出法則	**4.00%**	**4.75%**
扣除稅負		
年投資所得（調整後投資資產 * 調整後支出法則比率）	$29,560	$12,322
稅率	25%	25%
稅後投資所得	$22,170	$9,241
加社會安全		
67 歲退休	$48,000	
70 歲退休		$62,400
稅率	25%	25%
稅後社會安全	$36,000	$46,800
費後稅後總年所得	$58,170	$56,041
年花費	$86,400	$86,400
調整項		
信用卡還款		-$4,200
抵押貸款還款		-$21,600
長期看護保險		$5,000
調整後年花費	$86,400	$65,600

年現金流量赤字		
所得減花費	-$28,230	-$9,559
調整後提領率產生之增額現金流量		$18,671
打平年赤字所需的增額儲蓄	$941,000	$268,319

提領比率依照個人化修改

對命中合乎自己情況的提領比率，將下列提示納入考量。

勿忘債務

- **消費方面的無擔保債務**。這種債務多半是卡債，因過去消費而積欠，等同是負儲蓄，日後沒有任何利益。信用卡卡債應自投資資產扣除（付清更好），故不用反映在提領預算減少，除非提領額有意加入卡債還款。

- **車貸等擔保債務**。這種債務應留在資產負債表，並反映在提領預算，當作經常性費用，畢竟退休家庭仍可能換掉舊車，購置新車。若不打算更換這類債務的標的資產，就在可投資資產扣除剩餘的債務餘額，同時自預測費用扣除每月還款。

- **抵押貸款**。假設你有按照第 12 章建議的方法管理債務，那麼你的稅後通膨後抵押融資成本，不太可能超出預期的實質長期投資報酬，所以退休時不付清，仍屬審慎之舉。預計的提領預算，不需假設永續的抵押貸款還款，

除非你的抵押貸款離付清還久得很（屆退者一般不會這樣）。若繳清日不久矣，你應該自預計的退休每月消費額度，剔除抵押貸款的還款，同時自可供支應消費的投資資產，扣除抵押貸款的餘額。

退休後，房屋的權益要與其他投資資產另當別論

有些家庭「有土斯有財」的觀念根深柢固，房地產占投資組合很大一部分，這時就能把這項資產納入退休規畫的考量。若決定要在退休規畫納入房屋權益，請務必一定要善用這項權益，要麼透過房屋淨值貸款，或反向抵押貸款，要麼伺機把房子賣掉。若預計要賣房，請在退休後趁早這麼做，這樣才不會在養老的後期，等其他資產用完，發現自己過度依靠這項沒流動性的資產過日。實務上，我發現多數健康狀況允許就能長久住家裡的退休族，不會把房子當成純粹的投資資產。這時候，房屋價值應該自可投資資產扣除，因為房子已被你剔除在變現計畫之外。

勿遺漏可能的或有負債

對退休族來說，最明顯的或有負債，非健康醫療成本莫屬；根據前一章提到的數字，這方面的負擔可能所費不貲。因此你應該在預算額度，加上長期照護和補充醫療保險，或自可供消費的投資資產，扣除這些負債的預期成本。

勿忘費用

資產管理費視客戶和投資策略，差別可能不小，但多數研究忽略這一塊可能不小的金額。我建議自提領數字，扣除這些費用和收費。比如我們舉例的家庭一年計畫支出 5%，但投資項目的加權平均手續費負擔為 0.25%，這時就是假設 4.75% 來做預算。

勿忘政府萬萬稅

多數退休分析假設退休族的稅率很低，多數家庭這麼假設沒問題。不過當累積不錯的身家，一年可用投資和社會安全給付支應 86,400 美元的消費，這時每年要繳的稅就不低了。規畫上，我們用的修改後例子，保守假設所有收入來源一體適用 25% 的有效稅率，對象包括社會安全給付、退休帳戶提領和其他投資所得。

延後至 70 歲領取社會安全給付

這麼做勢必要在 3 ～ 4 年內（視 66 歲或 67 歲退休）動用儲蓄來填補棄領的缺口。我是建議消費根據 70 歲起領的較高預期社會安全給付來算，同時在投資資產扣除 3 ～ 4 年棄領現金流量的現值。

修改百分比提領計算

　　此處的建議不見得意味著退休生活稍嫌撙節。表 22.1 列出下列修改提領計算，這過程是提供給定最低可接受失敗機率，進而盤算家庭的投資部分需要產生多少金額。以下是要做的調整項目。

計算來自投資和退休金的預期稅後所得

- 調整投資，剔除(1) 不打算出售供消費之用的資產，如住家（本例是 250,000 美元）；(2) 非循環債務，如抵押貸款（200,000 美元）和信用卡卡債（30,000 美元）；(3) 遞延至 70 歲請領社會安全給付、已有著落的生活費；與(4) 自我保險情況下的醫療照護等未來負債（我們例子中的家庭選擇購買長期看護險，則是反映在預算，而非調整資產）。

- 套用調整風險容忍度和投資費用的個人支出法則（4.75%），並扣除租稅，此處假設為 25%。

- 加上預計的稅後社會安全給付，如此得出可用於消費的稅後總所得為 56,000 美元。

決定退休消費

調整年花費，計入(1) 資產得扣除債務的剩餘還款，這些很快會付清（本例是信用卡的 4,800 美元）；(2) 未償付抵押貸款還款（21,600 美元）；(3) 資產負債表上，資金尚未有著落的保險成本，如長期看護險。

比較預測年稅後所得與調整年消費

比較預測年稅後所得 56,000 美元與調整年消費 65,600 美元，差額的 9,600 美元表示這家出現年度赤字。

計算隱含的必要年儲蓄淨額

即為打平赤字並產生所需收入，在退休前必須存下的金額。我們的例子中，修改的提領公式得出的支出能力，高於傳統的 4% 法則，故需要較少的額外儲蓄。修改的法則根據建議對資產價值與預計長期花費做的調整，得出的調整後淨投資資產約為 259,000 美元，提領率為 $4.75%，第一年赤字僅有 9,600 美元，這缺口不到傳統 4% 法則預測值的三分之一。若離退休尚有好幾年，這缺口能靠約 270,000 美元的增值和增額儲蓄來填補。

簡言之，修改的提領法則，使例子中的家庭的現金流量大幅增加，既然退休尚言之過早，目前進度可說是穩穩推進。

退休前最後衝刺

　　修改的提領率雖能兼顧較多的消費和較少的儲蓄目標，撥出足敷理想退休開銷之需的淨儲蓄額，對許多家庭仍是一大挑戰。有幾個技巧能用來提高消費水準：延後退休、利用房屋淨值、調動投資組合組成提高預期報酬、頭重腳輕的退休支出型態、退休儲蓄部分年金化，及承擔較大的資產耗盡風險。下面是這些技巧的考量點。

延後退休

　　很直接就能提高退休生活消費的方式。每延後一年退休，等同多出一年時間累積和增長老本，退休生活的餘命也少了一年。從 67 歲延後到 70 歲退休，不只讓可投資資產增加，提領率也很可能拉高。想想第 18 章的淨值敏感度分析，假設 67 歲資產約有 567,000 美元，實質複合年報酬 5%，當多花 3 年賺取收入，資產增加到約 680,000 美元。套用修改的提領率 4.75%，得到的年提領是 32,300 美元，相較原本 26,900 美元，多了 20%。若縮短預期花用期間、拉高提領率，增幅會更大。

　　這方式有個問題。雖說當屆退時仍未達成財務目標，延長職業生涯是個有效的方案，不過資深勞工常有健康問題，且生涯後期的失業者，通常很難再度就業。所以這方法充其量應該視為備案。

利用房屋淨值

若計算提領率時，把這項資產的價值算在投資，務必要盤算一個能反映這項資產可能報酬的提領率。房屋是缺乏流動性的私產，鑑價有難度，不容易根據歷史數字推斷提領率。不過底下介紹的方式，算是做預計花用這項資產的合理經驗法則。

- 透過房仲或獨立鑑價，決定住家的價值。
- 因未來房價未知，保守計算售屋的預期收入；對鑑價打八成反映交易成本和套現成本（代表想賣時的非預料市況和待售時間）。也把剩餘抵押貸款扣除，這部分是直接從投資資產支付，不是從求得的花用額度。
- 計算年通膨調整提領百分比。用 100 除以計畫還款的年數，再減 1，便得出靠售屋來增加計畫年提領金額的預期收入。

簡單舉例，假定你房子鑑價 200,000 美元，未繳房貸 90,000 美元，打算規畫成 30 年還款，計算方式如下：

預期收入是 200,000 美元減 20% 的預備成本（160,000 美元），再減 90,000 美元房貸餘額，等於 70,000 美元。你對房子的年通膨調整提領率，等於 100 除以 30 年（還款期）的 3.33%，再減掉 1 後，就是提領率 2.33%，這數字相當於退休第

一年額外支應約 1,631 美元的開銷（70,000 美元的 2.33%）。

　　有個地方要注意。運用這個方法，會導致流動性投資資產耗盡的速度，快於原本的提領型態，原因是你其實是在真的賣掉房子前，每年就先從流動投資額外動用 1,631 美元的款項。所以說，用這個策略的話，你不該拖延太久才把這項不流動的資產，變換成可視需要變現的投資。

調動投資組合組成

　　4% 提領率法則背後的根據是 60% 股票、40% 固定收益的投資組合配置。第 10 章已指出，股票提供更好的長期實質報酬，同時長期波動率的增幅非常小。第 16 章有建議一個資產配置模型，是不根據投資組合的百分比，改採三年份的預期流動性，來設定固定收益目標。這些調整動作，意味著範例家庭的投資組合，屆退之際將會持有近 80% 股票，然後逐年遞減。

退休後期減少支出

　　迄今的提領分析，假定了退休生活的通膨調整消費始終維持不變。這麼做看似有理，卻不符合多數退休族的消費型態。一般人愈老花得愈少。聯邦統計調查指出，45 ～ 54 歲族群平均花費高點約落在 58,000 美元，滿 75 歲者撫養的家戶，則少了 46% 左右。諸如死亡率等因素，使平均家庭規模從 35 ～ 44 歲者撫養的 3.3 人，縮水到滿 75 歲者撫養家庭的 1.6 人。固定

成本往往也大幅下降。例如：第 18 章的預算例子裡，近 50%
的月開銷，與抵押貸款、車貸、學貸還款等固定成本有關。到
了退休後期，許多家戶清償這類貸款，也不會重貸。約有 85%
滿 75 歲的屋主，沒有抵押房貸。退休生活後期支出減少的唯
一反例，是健康照護方面的花費，介紹見第 20 章。

運用年金增加支出

　　將投資組合部分年金化，第 20 章討論過，能相對提高提
領方式的年消費。比方說，若一對 60 歲的夫妻，持有 1,000,000
美元的投資組合，套用 4% 提領率，得出年收入 40,000 美元。
利用 30 年通膨調整年金的話，這對夫妻能收到約 5.45% 的初
始提領率。用 30 年期年金，年金化 25% 投資組合，能安穩
收到 43,600 美元（250,000 美元的 5.45% 加上 750,000 美元的
4%）。自我保險雖說是最便宜的保險方式，若想要在投資組合
動些手腳，滿足消費的需求，這是可行的技巧。

承擔較大的資產耗盡風險

　　研究發現雖不一而足，多數理財顧問建議提領率要讓 30 年
期間失敗率低於 10%，考量生活無著的困頓，這項保守之舉當
屬適當。不過你的目標不是支應 30 年的消費，而是支應家庭
的消費以終老。若你跟同齡配偶，同在 65 歲退休，則兩老任
一方活至 95 歲（退休起算 30 年）的機率小於 18%。因此你的

投資組合失敗且配偶同時存活有待照護的真正可能性，理當明顯小於目標的失敗率。雖說接受多高風險，沒有絕對答案，但這至少有助於明白體認事關兩老餘生和風險胃納的層面。若干影響風險胃納的因子如下：退休消費靠社會安全給付、確定給付退休金或年金的百分比；醫療保險的質量；構成退休開銷的固定、變動、自由部分；影響長壽的因子，像是已發生的健康情況、家族平均壽命，還有投資組合是支撐兩老或單人的生計等。姑且說，預期餘命縮短是唯一降低資產耗盡機率的因子。

根據實際資訊調整消費

前面的建議試圖根據消費型態與歷史報酬，發展出支出的規則；退休夫妻參考一個具體數字，來決定花用的額度，總是方便的法子。不過隨著時間經過，退休族會取得有關實際報酬的有用情報，放進消費或提領決策的規則一併考量。

喬納森·蓋東（Jonathan T. Guyton）與威廉·克林格（William Klinger）提出五個制式的提領決定規則，試圖極大化退休早期的提領率，同時極小化資產提早耗盡的機率 *。兩人的模擬結果證實了高股票曝險，是提高成功機會及保存購買力最可靠的方式，也發現根據實際投資報酬的動態決策規則，能大幅提高初始的消費比率（採 80% 股票、10% 固定收益、10%現金的組合，幅度上看 60%，成功機會有 90%）。他們的調整

相對頻繁，平均 3 年一次，但相對傾向提高支出，與減少的比是 3：1，對照我們已知的退休家庭一般養老支出行為，如此開銷綽綽有餘。此處的觀察不是基於特定法則，而是根據有系統的支出計畫，肯認資產組合的投資成績，因應調整消費。最佳的策略是應用修改的提領法則，每二、三年檢視所做的分布假設，並且納入實際的支出和投資報酬。

提領數字只是退休計畫的一小部分

結束決定提領率這部分之前，我們要提醒把這數字放在脈絡底下。不少家庭固守這個數字，視之為風險的指標，卻沒有測試假設，體認方法上的限制。提領分析的用處，充其量是看資產配置、報酬率、壽命長等假設。再者，家庭背景的脈絡，重要性一點都不輸給數字本身。這些提領率的建議，是假定你有採取內容建議的行動，來準備退休的資產負債表，納入遞延社會安全給付、替潛在長期看護負債撥款或估計年金，並自投

---

* 喬納森・蓋東（Jonathan T. Guyton）與威廉・克林格（William Klinger）在《投資組合管理法則》提出一套變現資產及重新調整投資組合，來維持目標配置的演算法。其中，**通膨法則**是透過調整提領來保存預測的退休全期購買力；**保本法則**是一套視大環境不利，致使短絀機率竄升到非容許門檻時，進而調降提領率的機制；榮景法則是一套視投資績效利多，財富創造高於預期，進而調高提領率的機制；**提領法則**是一套訂定初始提領比率，以及後續運用通膨、保本、榮景法則進行修改的方針。

資資產剔除房屋權益。若你是如此準備資產負債表，那麼就準
備好承擔較高的提領率，及偏重股票的資產配置所伴隨的波動
性。你的提領數字充其量是整體退休計畫的一小部分。

把退休稅捐極小化

　　本書發展的投資策略，始終打算極小化租稅的失血，概念
上我們運用了極大化避稅工具，如 IRA 和 401(k) 等的撥款，支
付較低的稅負，享有免稅額的複利增長；投資組合偏重租稅效
率優於債券的股票；運用長期、低周轉率的策略，賣股才有股
票利得稅；持有的固定收益投資項目，大多放在遞延租稅的帳
戶；還有組合比重的重新調整，盡量在租稅遞延帳戶的範圍，
或透過新的撥款為之。

　　秉持這些原則，是有可能幾乎完全消除工作者在累積身家
階段的租稅失血。不過退休後，就很難遞延租稅，因為持股要
變現，課稅難免。除前面的概念，你應該考慮下列極小化退休
族稅捐的策略。

- **別早於 70 歲起領社會安全給付**。前面提過，多數退休
  族在這方面都有很好的租稅優惠。
- **用退休帳戶購買年金**。除社會安全福利金外，另外購買
  年金者請用退休帳戶來買。因為年金算是保險，本金以

外的款項要算在所得。用退休帳戶買是將款項的稅金，遞延到實際從帳戶領錢之時再繳。換成應稅的帳戶，則是款項發放下來之時就要繳稅了。

- **應稅帳戶比退休帳戶先用。**這項手法讓你保有更多稅前資本，供較長的期間來操作運用。
- **按有效稅率高至低花用應稅帳戶。**挑利損而非利得的收網，且帳戶稅負最高者先賣，這樣能先提領到免稅的本金。這手法可望能至少極小化退休前幾年的有效稅率。

用舉債將租稅極小化

理財顧問大多會建議你，大幅減債以準備退休。有的情況下，我真的建議要反其道而行。對許多退休族來說，把住屋拿去做二胎房貸，獲得現金的做法是沒問題的。我說的沒問題是滿足三個條件：

1. 重貸不會顯著調升利率。
2. 30 年期抵押貸款利率不高於 6%。
3. 應稅帳戶有不少成本很低的資產（支付的成本遠低於現值），以致出售得支付顯著的利得稅。

下面的簡單例子，指出舉債的潛在好處。這家庭的投資

組合價值為 1,000,000 美元，成本是 250,000 美元；住屋淨值
500,000 美元，且做二胎房貸能貸到 400,000 美元，並拿到 4%
利率和 15 年的攤還條件；合併聯邦和州資本利得稅是 18%。
這家人打算每年變現 87,000 美元的稅前資產，支應每年稅後
75,000 美元的生活開銷，而且這家人假設 7% 的年投資報酬，
而通膨和手續費率約 2%，故實質報酬是 5%。下面來看事情怎
麼發展。

- **情境 I：不借錢並隨通膨調高年提領率**。投資組合
  1,000,000 美元在有效稅率 14% 的情況下，約收益
  1,636,000 美元的累積提領款項，稅後現金流量約稍高於
  1,400,000 美元，15 年左右就會用罄。
- **情境 II：用抵押貸款籌措 400,000 美元供退休初期開銷**。
  投資組合收益在有效稅率 13% 左右的情況下，約收益
  1,830,000 美元，在 18 年間花用在生活開銷和抵押貸款
  的還款。好處有二：房貸利息扣抵可減稅，且投資組合
  在發生利得稅前，價值複利時間較長。
- **預期結果**：400,000 美元的抵押貸款帶來一筆增額的款
  項 170,000 美元，增幅約 12%。

這項槓桿確實給這家人增加風險：投資組合的報酬可能比
不上借錢的成本。但這項風險有幾個減輕因子。視家庭租稅狀

況調整後的費後實質複合報酬率 5%，與歷史數字一致。退休族最難避免的風險，不外乎通膨，而利息固定的長期抵押貸款，正好是通膨的避險。你的住家淨值很可能會盯著通膨，所以其實這項固定債務是會逐漸縮水。報稅會列舉扣除額的家庭，抵押貸款利息年復一年的扣抵額，是另外一項價值來源。最後在很多情況，情境二的方式其實是漸少，而非只有遞延稅負，原因是這樣一來，退休後應稅的投資賣出次數減少了。一旦身故，遺產稅的情況多半會是投資成本以公平市值重訂，故也沒有應稅資本利得。這情境很好地點出，若有能力承擔額外的風險，即可望因而受惠。不過對於打算花個精光、死不帶去的人，這做法就不太適當。

通膨對退休族購買力的影響

　　年輕時，勞動力的潛在價值，占掉家庭淨值的一大塊，這時家庭相對豁免於通膨。家庭勞動力名目價值日益提升，進而保存實質購買力。退休族不再有這項避險。多數退休族（和理財顧問）短視地擔心名目市場報酬和年波動率，可是事實上應該擔心通膨及實質購買力侵蝕才對。表 22.2 點出複利作用下的通膨，長期對購買力的壓榨效果。若通膨趨勢維持循環，今天退休的人士，30 年後得支付 2,693 美元、45 年後得支付逾 7,000 美元，才能買到今天等值 1,000 美元的東西。

表 22.2　縮水的錢

時期	年數	終期需要的 1939 年 千元等值金額	占 1939 年購買力的 百分比
1939-1964	25	$2,207	45%
1939-1969	30	$2,693	37%
1939-1974	35	$3,300	30%
1939-1984	45	$7,236	14%
1939-1994	55	$10,414	10%
1939-2004	65	$13,164	8%
1939-2014	75	$16,648	6%

　　抵擋購買力縮水最好的法子，是挑一個極大化工作生涯的職業，使勞動力可以源源不斷跟著通膨增值，偏好加碼股票而非固定收益和現金，確保年金給付與通膨掛勾，及長期借款只挑固定利率。選購通膨調整的年金，和用長期固定利率借錢，不見得是最好的投資選擇，但此舉帶來的計畫確定性，很可能抵消潛在的利益損失。

　　退休族面臨的通膨風險，有點不同於廣義的經濟個體。美國勞工統計局有發布一項叫做 CPI-E 的修改消費者物價指數，重點放在滿 62 歲者購買的貨物和服務。1982 到 2011 年間，這指數的通膨率約為 3.1%，廣義 CPI 則是 2.9%。這多出來的購買力侵蝕，雖說值相對很小，但複利作用之下，終退休生活的效果可能不小。

做自己的人生財務長

　　退休族意謂耗盡勞動力，這時要打平可能的缺口，能用的工具變少了，是以勢必要主動管理短絀的風險。

　　4% 法則失之過度簡化。你的提領率應該根據可接受的失敗機率，其實就是說，要看自己的處境和性格。

　　即使退休了，你依然能受惠於多抱股票部分的投資組合，這無關乎你的風險狀況。一般而言，這策略的短絀風險較低，但預期能留給子孫和慈善事業的終值高出很多。

　　家庭財務長在管理開銷，以及規避長壽、照護成本、通膨等重大風險上，仍握有不少彈性。

　　管理理財計畫時，要定期配合壽命的預期和實際的投資報酬來調整開支。

　　管理投資波動性和通膨之間的風險取捨時，請做好通膨的保障。通膨對購買力的侵蝕，是退休生活安定的大敵。

PART 6

改變規則
就能改變局勢

就經濟效益而言，擁有自己的公司遠遠勝於擔任企業員工。撇開經濟效益，可以為你以及你的家人與後代子孫開啟更美好的生活。Part 6 的內容可以幫助你提前思考並採取相應行動。

第 23 章

透過創業替自己爭取報酬

　　創造財務獨立的生活是高度可行的，但你得趁早行動、辛勤工作，並且制定合理的投資計畫、全盤規畫、努力儲蓄然後堅持到底。這就是這本書想傳遞的主要訊息。只要你努力不懈，你就能創造非常舒適的生活。但在通往實現財務安全的道路上，你將面臨勞動力和金融市場的競爭，這會使這趟旅程更具挑戰性。

　　我們都知道，在勞工市場可以透過教育、選擇合適的行業、延長工作生涯以增加報酬。不過收入多寡深受競爭所影響。現今只有 15% 的美國家庭收入超過 10 萬美元。就此可以顯示，通往財富的道路並非單純依靠傳統就業。

　　長期看來，資本市場也要面臨效率高低和競爭性的問題，所以即使有完善的投資策略，我們也不應該規畫長期報酬淨值超過 5% 的投資組合。就本質而言，勞動力和金融資產都是按需求和供給獲得報酬的商品。這就是為什麼從長期來看，此兩者難以獲得高於市場平均水平報酬的原因。

現在我要和大家分享一個欺騙系統的方法，避免勞動力和資本市場的商品化陷阱。將你的勞動力與資本結合，透過創業來實現這個目標。當人們談論創業時，經常會想到比爾・蓋茲（Bill Gates）、傑夫・貝佐斯（Jeff Bezos）或創辦 Google 的那群男孩們等近代史上最成功的企業。然而對於大多數企業家來說，其商機規模要小得多，所需的資本和失敗的風險同樣也是如此。更少的資本和更小的失敗風險能為企業家和家庭有限公司帶來優異的投資機會，並且能機動調整風險。

創業的好處

在此項討論中，不要太想微軟、亞馬遜或 Google 等大型企業。想一想房地產經紀業務、諮商業務、財務諮詢服務，或你所在地區某產業的維修服務。這類企業有幾個共同點：利用特定技能來產生槓桿作用，這項技能可以開發業務，同時滿足你做為員工的責任（換句話說，用別人的錢來學習），這類企業所需的起始資本最少，其主要資產是你的技能、知識和人脈。此外，當你決定退休或者不再全職工作時，這些企業均可提供眾多退場選項。

職業生涯更長

當你身為老闆，就業和所有權間的界限變得不那麼明顯。

許多企業主會延長自己的生產勞動力年限。到了晚年，他們仍
然以兼職身分參與企業的核心業務，但仍然享有就業的好處和
企業所有權。

卓越的投資報酬

　　因為你將獨特的勞動才能與資本相結合，因此能避免資本
報酬其天生的商品化性質。在第四章中，我們確認了評估某業
務是否有吸引力的關鍵指標為有形投資資本的報酬。身為企業
主，此指標代表你每年的投資現金報酬。我們也曾提及，良好
的服務型企業通常每年投入的資金能產生超過 50% 的稅後投資
報酬！無須贅言，你的業務投資所產生的 50% 的稅後報酬，明
顯優於預期的 5% 長期股票實質報酬。我應該在此說明，有形
投資資本的 50% 報酬並不一定意味著投資者每年都會收到該筆
現金。其形式可能是現金，或者是將報酬再投資於企業，以促
成企業業務最終價值的增長。

優越的稅率

　　擁有自己的企業比身為員工在報稅上更為優惠。身為企業
主，你擁有更多減稅機會以降低實際稅率，而且雖然你的公司
利潤會被課稅，但在你退出前，你的企業價值增長並不會被課
稅。隨著你的企業增值，你可以有效地利用長期稅前複利獲得
可觀報酬。

出色的退場機會

　　擁有一間公司意味著日後能有機會出售，就財務觀點而言，這可能是最重要的一點。你的初始投資不僅可以在你擁有企業所有權的期間，從利潤獲得現金流量，還能因為企業的未來收益獲得資金，並且以如同銷售公開交易股票一般的方式出售股權。

　　圖 23.1 是你的企業預測範本，並且呈現這些動態累積效應如何推動一項投資報酬長達 20 年以上。

　　此企業的計畫重點可以概括如下：

- 初始投資不到 30 萬美元就足以支付企業的創始資金，包括企業主的 10 萬美元薪資，直到公司現金流轉正為止。
- 此後，公司持續盈利，稅前利潤率為 20%，再投資額相當於每年增長收入的 10%。
- 20 年下來，公司業務適度增長，企業主退場時收入約為 300 萬美元，銷售價格約為 250 萬美元（稅前利潤的 5 倍）。

　　圖 23.1 中部分隱含的假設肯定是不正確的。不過這些假設已是相對保守，許多企業家的實質表現比這還要好得多。然而即使此例中包含這些含蓄的假設，此案例依然可信度很高，且

投資報酬的稅後實際內部報酬率（IRR）超過 24%，約略是投資金額的 15 倍。此投資表現遠優於投資人在公開市場的預期獲利。將這些結果與身為員工可能積累的資產進行比較，擔任企業主顯然是最好的選擇，前提是你自認成功機會大於 20%。＊這個算法還沒計入許多身為企業主能享有的好處，例如以企業主之姿拓展業務、較低的實際稅率，以及如果業務表現超出預期便能獲得高額利潤。然而當中最重要的一點，或許是當自己的老闆非常有趣。

當然，要評估創業，除了好處以外勢必也得討論其壞處，其中有兩點值得提出。企業主必須處理以下問題：⑴ 擁有一家私人企業隨之而來的資金週轉風險，⑵ 隨之而來的投資組合集中（將全部或大部分的雞蛋都放在同一個籃子裡）。我認為創業的好處遠大於這些擔憂。

＊ 該業務的實際投資報酬率為 24.3%，上市公司股票的實際淨報酬率為 5%。從這兩種選項的預期報酬來看，如果獲得較高報酬的可能性約為 20%（24.3 乘以 20%= 4.86% 的預期報酬），我就較無興趣。

圖 23.1　一位企業家的事業規畫

如何靠創業創造財富							
假設							
薪資					10000 美元		
薪資實質增長					2.5%		
企業再投資率（占收入增長的百分比）					10%		
毛利率（不包括薪資）					20%		
長期實質成長率（第五年以後）					7%		
實際稅率					35%		
退場時預期息稅折舊攤銷前利潤倍數					5.0		
實質資本利得稅率					20%		

年	1	2	3	4	5	…10	…20
總收入	$100,000	$250,000	$500,000	$750,000	$1,200,000	$1,683,062	$3,310,838
扣除薪資後的利潤（稅前）	($80,000)	($52,500)	($5,062)	$42,311	$129,619	$211,726	$502,303
所得稅	$28,000	$18,375	$1,772	($14,809)	($45,367)	($74,104)	($175,806)
稅後利潤	($52,000)	($34,125)	($3,291)	$27,502	$84,252	$137,622	$326,497
企業再投資	$150,000	$15,000	$25,000	$25,000	$45,000	$11,011	$21,660
企業主股利配額	($202,000)	($49,125)	($28,291)	$2,502	$39,252	$126,611	$304,837
出售企業所得							$2,511,513
出售企業的資本利得稅							($502,303)
稅後銷售所得							$2,009,210
股利與銷售所得的累計現金流量							$4,436,260

假設沒有出售企業的投資報酬		假設沒有出售企業的投資報酬	
內部報酬率	22.5%	內部報酬率	24.3%
總投資（三年負現金流量）	($279,416)	總投資（3 年負現金流量）	($279,416)
累計現金流量（1-20 年）	$2,427,050	累計現金流量（1-20 年）	$4,436,260
資金倍數	9.7	資金倍數	16.9

做自己的人生財務長

　　每個家庭終其一生，都要以勞動力和金融資產來支應隨時發生的責任。保險是保障資產免於災難性損失的重要手段。

　　常用到的保險包括壽險、失能險、傘式責任險、長期照護險，還有車險。保險用在對的場合就是適當的風險管理工具，但保險本質上不是好的投資，因此要買得有分寸。

　　買保險應該是反映潛在的家庭損失，不是想著說以後會有一筆意外之財。

第 24 章

為繼承人迅速建立財務安全

　　透過支持下一代的教育與商業活動，進而協助他們獲得成功，是多數家庭的願望。這就是為何在家庭有限公司的眾多資金功能當中，金援下一代是如此重要。

　　第一章闡述的家庭有限公司的基本淨值分析，其假設是基於一個人在 25 歲時，擁有豐富的勞動力資產，但財務資產掛零（見圖 24.1）。

　　此投資組合可以透過繼承或贈與而大大改變。為後代提供可以在成年早期便能投入的資金，會使他們受益於長期複利。這對創造財富具有極大的正面意義。圖 24.2 採用了相同假設，不同之處在於此人在 25 歲時多了 10 萬美元的贈禮，並將其投入一筆實質報酬率 5% 的投資。

　　如圖 24.2 所示，感謝多增加的 10 萬美元贈禮所帶來的長期複利，這份禮物到 65 歲之際，在所有經由儲蓄和投資獲利累積而來的財務資產當中，占比成長到約 65%。只要睿智地管理這份贈禮，它就能大幅降低財務失敗的風險。這筆 10 萬美

圖 **24.1**　所有金額 = 定值美元

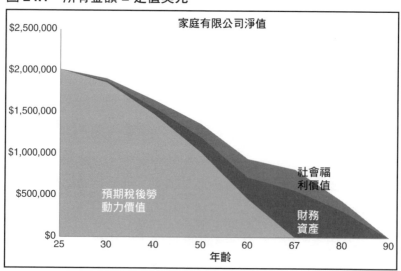

圖 **24.2**　所有金額 = 定值美元

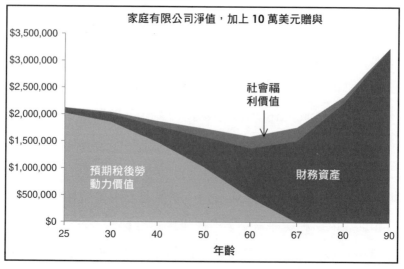

元的禮物會增長到即使此人不再工作，光憑財務資產的投資報
酬就會超過消費所需。最後即便勞動力資產枯竭，其淨資產也
會繼續增長。如此一來，在審慎消費的情況下，壽命長到資產
不夠用的可能性就微乎其微了。

　　雖然圖 24.2 假定除了 10 萬美元的禮物之外，此人財務狀
況並無任何變化，但這像假設可能不大符合現實。這份贈禮有
可能改變受贈者的行為，或好或壞。它有可能負面地改變繼承
人的工作模式（可能工作量減少）或消費模式（花費更多）。
雖然的確有此可能性，但我會把重點放在正面的好處上，至於
價值觀教育則留給家庭自行處理。

　　另一個重要的正面影響，這筆增加的財務資產可以讓繼承
者更早追求創業所帶來的數字魔力，並有能力進行波動性更高
的投資以獲取更高的長期報酬。創業要成功，就必須積累足夠
經驗和資金以支持未來的商業活動。藉由提供資金，你或許可
以縮短他們成為成功企業主所需的經驗與時間。正如我們在前
一章所討論過的，企業主的預期稅後報酬可能遠超過投資市場
的預期，在我們的範例中，此數字約高出 20 個百分點。假設在
45 歲時，繼承人將所有累積遺產（當時約為 22.5 萬美元）投
資於某項業務，65 歲退休時（根據前一章的假設）會產生 24%
的稅後年複利報酬，此外可將企業的分配利潤再投資於市場，
實際報酬率為 5%。

　　如圖 24.3 所示，一筆 10 萬美元的贈與資金，以 24% 的報

圖 24.3　所有金額 = 定值美元

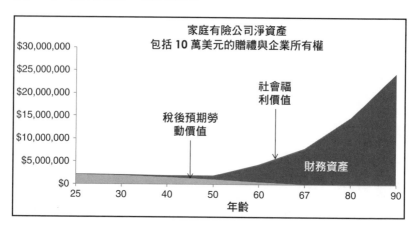

酬率長期（此例為 45 年）複利增值，就能戲劇化地改變局勢。

　　65 歲時，此家庭的淨資產達到了近 900 萬美元，這個數字還將繼續上升，因為其資產增值遠超過消費所需。

　　在現實生活中，90 歲過後還能擁有企業所有權並保持 24% 的年複利報酬率的可能性不高。但即使縮短持有期、降低報酬率，此範例中若能隨時進行風險調整，其財務資產的增長依然頗具可信度。

做自己的人生財務長

　　如果你已經教導下一代成為理財能手，那麼一筆贈與資金，再加上努力工作與謹慎消費，就可以替下一代與後輩子孫創造卓越的財富。

第 25 章

擬定繼承計畫，培養接班人

　　關於金錢，我爸在很多方面都做對了，他善於儲蓄、投資得宜、妥善管理自己的勞動力，並且確保他的下一代（我和我的兄弟）接受良好教育，有能力管理家庭資產。事實上，正因為我爸指導有方，我們兄弟倆所累積的財富已遠遠超過他。然而我爸在家族繼承計畫方面卻以慘敗收場。雖然我從事專業財務管理長達 20 年，但當我們在討論家庭財務時，他卻無法放棄領導者的角色。他無法詳細分析自身財務狀況，也無法推動整個大家庭能公開討論財務狀況、目標以及該如何在幾代人之間妥善利用這些資源。由於我爸在這方面過於古板，我相信我的家庭失去了相互學習的寶貴機會，也錯過了深具價值的遺產規畫機會。我我爸並非少數：多數家庭都錯過了這個機會。家人間要談論財務可能會令人膽怯、感到棘手，甚至造成尷尬。

如何讓資產有效繼承？

多數家庭企業的財務長都會忽略擬定繼承計畫的重要性，但這卻是決定家族有限公司能否持續在世代中茁壯成長的關鍵行動之一。許多成功人士終其一生累積了大量財富，但卻花費極少時間預作準備，好讓家人能有效管理這筆巨大的資產。在引導下一代接棒時，不妨向美國企業取經。重點有下列幾項：

把情緒留在門外

許多家庭之所以忽視世代間的財富轉移討論，原因之一在於父母和子女間往往難以放下固有的家庭偏見進行溝通。當談及家庭財務，所有討論與決定應基於財務決策的優劣與否，而非家庭角色。

建立定期的策略規畫會議以審查家庭有限公司的表現

就像公司董事會討論業務表現和策略一樣，家庭財務長應該至少每年定期舉行一次會議，以審查家庭公司在前段時期的表現，以及近期內的重大決策。這種方式並不會帶來太大壓力，能有效吸引家庭成員，教育他們了解財務狀況。

促進雙向溝通

家長往往對於要坦率與孩子分享自身財務狀況感到很不自

在。這種憂慮可以藉由兩種方法來降至最低。首先要明確表明，家庭開支是由最年長的一代自行決定，家長無須因為花費其所累積的資產，導致留給後代的遺產變少而感到罪惡，年輕一輩也不該覺得有權過問父母的資產。第二，促進雙向意見交流，在討論財務時，鼓勵所有家庭成員分享資訊與想法，承認彼此的不足、錯誤與弱點。

明白家庭財務長所須的技能需要多年時間養成

請記住，要成為一位嫻熟理財的專業人士是一段不停進化的過程。對於大多數人而言，這段過程會持續一生。本書所介紹的許多概念都相當複雜。家庭財務長的主要職責之一便是擔起教師之責。要有耐心，抓住一切機會教育家人，加強他們對財務安全的認知。然而若過早開始教育，過程會相當艱辛。

創造失敗的機會

失敗是學習的關鍵。我們都有過類似的故事和經驗，好比說刷爆信用卡、未按照預算消費、犯下財務出軌（對配偶謊稱沒買或是低報價錢），或是因為愚蠢的投資而賠錢，這些經歷幫助我們成為更好的財務管理人，甚至成為更好的另一半。身為家庭財務長，你應該替子女創造機會承擔財務責任與可能的失敗。給他們一張信用卡，讓他們有權在預算內自主花費，給他們一小筆資金進行投資。如此一來，你將創造出寶貴的教學

機會，並有機會付出較低的失敗成本。我寧願讓我的子女透過小規模、控制內的失敗來吸取財務教訓，而非災難性地揮霍我和我的前幾代家人在工作中累積下來的家庭資源。

建立財務獎勵機制，促進投入和參與

在商業上，我們通常會利用加薪、獎金和股權等財務獎勵來鼓勵員工和管理者達成我們的期望。財務獎勵也可以有效地運用在家庭有限公司的管理和轉型。常見的有效財務獎勵措施包括以下幾種：

- **投資家人發展勞動力**。資助教育經費以激勵繼承人接受高等教育，這不僅是一筆巨大的投資，同時也是延續大家族財務成功的好方法。
- **同步儲蓄計畫**。正如許多公司在 401(k) 退休計畫中的模式，你可以制定一個同步儲蓄計畫，依照他們所省下的資金數目，在帳戶中存入等額或部分的金額做為獎勵，進而提高子女及後代子孫的儲蓄率。
- **針對家庭有限公司董事會成員提供責任補償金**。正如一些公司會針對獨立顧問委員會所提供的服務給付報酬，若家庭成員積極參與家庭財務會議和承擔特定的財務管理責任，例如：協助籌備稅務或管理租賃財產等，你也可以給予補償金。

- **依照財務表現給予繼承人資金**。若是家庭有限公司的績效指標，如收入或淨值表現超出預期，可以根據其金額每年撥款部分金額給家庭成員。

前述做法各有優缺點，然而這一切都是為了促使家人建立負責的財務規畫與行為。

做自己的人生財務長

以公平公正為基礎分配資金與遺產。根據能力與優點分配財務資源和決策控制權。這兩個概念有可能會互相衝突。你可以將財務資源平等分配給繼承人，但根據天資與個性給予繼承人不同的權利，以有效管理、拓展與延續家庭有限公司。若你的繼承人在財務上不夠敏感，從長遠來看，他們反而會感謝你沒有理所當然地將財務決定權交給他們。然而無論他們是否感謝你，最終他們都將在財務獲得更多保障。

第 26 章

在政府插手前，處理好遺產

　　遺產規畫的主要考量是在資產轉移給後代的過程中盡量降低相關稅收。對於已累積大量財富的人而言，這筆稅收金額相當可觀。在某些情況下，如果轉移的資產總值與其中可用來繳納稅款的流動性資產，這兩者差異過大時，稅金可能會造成財務困難，導致遺產收受者會發生坐擁豐富資產卻無現金可用的窘況。例如：假設你繼承了價值 1,000 萬美元卻難以出售的房地產，你可能會收到一張須在逝者往生 90 天內繳納的 200 萬美元稅單。遺產中通常有一大部分屬於非流動性資產，包括家族不動產或家族企業等資產。

　　遺產贈與的免稅額與稅率在這些年間發生了巨大轉變。聯邦遺產稅率範圍從 0% ～ 50% 不等，目前遺產轉移在扣除 534 萬美元的扣除額後，稅率可達 40%。若再計入州政府稅金，實際稅率將超過 50%。實際上受到遺產稅影響的人數不多，但對符合課稅標準的人而言就事關重大。據估計，在 2013 年，只有 0.14% 的遺產（也就是七百分之一）有繳納稅金。 然而過去

10 年繳納遺產稅的人其平均應納稅額約為 300 萬美元，這表示實際稅率落在 14.7% ～ 21.8% 之間。如果你正在閱讀這本書，你或者就是那些需要擔憂遺產稅的「不幸的幸運兒」之一。

　　儘管最小化稅金是遺產規畫的關鍵，但其他考慮因素也相當關鍵。無論遺產規模是否大到需要繳稅，當中某些規則均仍適用。

- **建立一份有效的遺囑**，明確表達你對個人事務和資產的處理意向，以免造成潛在繼承者之間的紛爭。
- **預先做好失能規畫**，以防無法自理生活，規畫中應指定若你喪失行為能力，誰能代表你做出決定（通常被稱為持久授權書），以及生命末期的醫療行為如何安排（又稱為醫療照護事前指示）。
- **擬定一個贈與策略以減少稅收**。其中包括將所謂的基本贈與扣除額優惠最大化（你可以於在世時或遺囑內贈與財產，最高免稅額可達 5,340,000 美元）；年度贈與扣除額為 14,000 美元，這還未計入基本扣除額；教育和醫療保健相關的贈與則無金額上限。
- **信託**不僅可以有效地在世代間進行資產轉移，而且可以分別替每個信託制訂管理規則，以保護資產不受債權人侵擾。
- **將保險產品整合到遺產計畫中**，這能提供即時現金以防

止後代資產流動性緊縮。務必讓保險收益與遺產分開支付。你絕對不想讓這筆錢被視為遺產課稅。

考慮到稅法的複雜性和變化速度，該如何擬訂具體策略以有效規畫遺產並不在本書範圍內。如果你自認是需要繳納遺產稅的不幸幸運兒之一，那麼你絕對需要聘請一位財務顧問或是遺產律師，又或者兩種都需要。制定有效的遺產計畫可能所費不貲，費用至少要幾千美元起跳，而且往往會高出許多。其費用取決於你的遺產規模與複雜性，並需要經常審查更新以配合你不斷變化的現況。凡是年收入超過 30 萬美元，預期淨資產超過 500 萬美元者，應積極考慮這筆投資。

做自己的人生財務長

實務上甚少家庭需繳納遺產稅，但對於必須繳納的人來説，其影響頗為深遠。即便你現在無此需求，也難保將來不會面臨此問題。遺產規畫的部分內容適用於各種收入水平的家庭。現在就擬定遺產計畫，畢竟人生充滿變數。

第 **27** 章

讓愛心最大化

　　對大多數的人來說，提供大筆捐贈給慈善機構，最合理的時間是人生晚年。

　　我們在第 1 章中就闡明了遺產管理是家族有限公司的第三目標，其重要性遠低於頭兩樣目標，那就是供給家庭消費以及透過投資替退休生活累積資產。除非你有幸在生命早期就積累了大量財富，否則這些目標可能需要數十年才能完成。

　　我們已經討論過一戶家庭得要面臨的許多不確定性。但在生命晚年，許多答案都已揭曉：我的投資報酬如何？我的健康狀況如何？我的配偶與我預計還有多長壽命？我們需要長期照護嗎？子女們是否健康且經濟無虞？由於這些關鍵問題的答案都已昭然若揭，較為年長的家庭便能據此針對應急資金的需求做出更明智的決定。

　　此外，如果你遵循本書提供的低費用、低稅率與高曝險這三種投資原則進行投資，你的投資報酬可能會比你所支持的許多慈善機構還要好。慈善機構一般不得不進行風險較低的投

資，一部分是因為低風險投資不會長期占用資金，另一部分原因在於若該機構曾經投資失利，要說服捐助者繼續支持該機構就成為一大挑戰。

　　總而言之，等到晚年再給予慈善機構高額捐贈，如此一來，不但可以降低家庭財務風險，相較於讓慈善機構自行管理這筆資金，晚年捐贈可能反而會替慈善機構帶來更高的購買力。雖然慈善機構可能不同意此做法，但晚年捐贈通常會創造雙贏的局面。

　　要特別留意的是，我並非建議你要等到晚年才能開始捐助慈善機構。生活中，我們多數人都會向我們喜歡的慈善機構和社區服務貢獻時間與金錢。這類活動令人內心滿足，它不但讓你成為社區的好鄰居，也讓你成為一個更好的人。本章內容並未涉及這種日常性的捐贈，而是將焦點放在長期財務規畫中可能會有的大筆捐贈。

如何選擇值得信任的慈善機構？

　　許多家庭有限公司的投資原則，只要稍作修改，就能適用於選擇慈善機構。

投資你熟悉的

　　在選擇最佳的非營利組織時，慈善世界可能會比金融世界

更加複雜微妙，令人費解。慈善機構的資訊披露不夠健全，衡量指標也不夠明確。出於此原因，我建議你支持那些你略懂一二的組織。好比說，我的慈善捐款大部分都捐給退伍軍人相關機構。在捐贈這些機構時，我可以利用自己的知識和人脈來確保我的捐款獲得善用。

明確定義你的「捐助」風險承受力

正如每位投資者會因為所能承受的風險高低不同，影響資產選擇一樣，風險承受力也會影響你選擇慈善機構。你期待捐助單位繳出夢幻優異的執行成果？或者你只期待該單位能穩定踏實地執行慈善目標？此問題並無正確答案，只能說如果你的期待與慈善組織的目標不同，這就肯定會是一段令人不滿意的關係。

向第三方機構查詢你想資助的慈善機構

由於慈善機構無須繳納所得稅，他們需要提交年度稅單，相關資料可上 irs.gov 網站查詢。這些表格能讓你了解該組織的財務狀況。其他諸如 GuideStar 等眾多單位也針對慈善機構的管理、透明度以及高層薪資提供免費及付費的獨立評估。

要求清楚的績效衡量指標

在我們的投資計畫中，只要設定好正確的衡量標準——也

就是扣除稅金、費用、通貨膨脹後的長期報酬，那麼要評估投資表現便相當容易。在非營利組織的世界裡，很難建立明確的績效衡量標準，而且每個組織可能會各有不同的標準。好比說，退伍軍人慈善機構該如何衡量是否達成使命？慎防各種未能積極評量表現、量化績效指標的組織。如果沒有這些指標做為釐清責任與績效的索引，你就無法評估你捐出的辛苦錢是否都被妥善運用。

留意捐款有多少被用於行政管理費用

正如投資的相關開支與費用會導致你的投資報酬縮水，若你的捐款從慈善計畫中轉移到用於行政開支，也會降低這筆款項所帶來的影響。成熟的慈善機構（並非剛起步的機構）通常應將管理費用限制在總收入的 25% 以下。

如何有效的捐贈？

有效的捐贈並非僅是寫寫支票那麼簡單。這裡有一些指導方針供你參考。

建立慈善關係組合

一如投資者會追求多元投資組合一樣，我建議應與多個感興趣的慈善機構建立關係。我並非主張（也並非勸阻）你應該

選擇各種理念不同的慈善機構。舉例來說，我資助了許多慈善事業，其中包括幾個與退伍軍人有關的機構。這種關係組合為我提供了更強大的資訊網絡，使我能夠更加理解這些慈善機構的目標。它能提供多種機會來評估各個組織，讓我能找出在我最感興趣的慈善領域當中，哪個機構擁有最佳實踐力、最佳管理團隊和最成功的典型。想當個聰明的捐贈者，創造慈善組合絕對是關鍵工具。

規畫長期支持

　　許多捐款人會有「要玩就玩大的」這類想法。他們會一口氣捐一大筆錢給慈善機構，然後就到此為止。在我看來，這有點像還沒約會就結婚。我建議應該隨著時間推移再決定自己要投入多少，如此一來，你便能觀察該機構是否能妥善運用你的捐款。倘若表現良好，你可以捐助更多。這種方法在你建立慈善組合時特別有用，因為它能讓你隨時間根據其表現來決定該支持哪個機構。

考量稅務

　　若以投資觀點考量，在評估慈善機構時稅務就顯得非常重要。在擬定捐贈計畫時，有三個關鍵概念值得牢記在心：(1) 贈與資產而非現金，如此便能避開出售資產時隨之而來的稅金；(2) 優先贈與具有最高稅負（最低成本基礎）的資產；(3) 如果

可以的話，趁還在世時進行慈善捐贈，相較於在遺產規畫中捐贈，在世時捐贈通常具有節稅功能。如果你正考慮對某慈善機構進行鉅額捐贈，務必尋求專業的稅務顧問。其規則相當複雜，風險也高。

將你的慈善事業與你的勞動力資本相結合

在第 23 章中，我強調了透過創業將勞動與資本相結合所能帶來的重大利益。慈善事業也是如此。若想將慈善影響力最大化，最佳良策便是將你的資金捐贈與勞動力貢獻相結合。依照本章節所介紹的篩選條件，找一間合乎資格且會因為你的積極參與而從中受益的慈善機構。這不僅會讓你的貢獻效應倍增，並且能藉此磨練捐贈技巧，讓你成為有智慧的捐贈人。

做自己的人生財務長

在生命晚年，許多家庭已累積足夠的財富並獲得明確的財務安全，因此開始考慮向慈善機構進行捐贈。

把家庭有限公司的資產管理與創業規則運用在慈善事業上，才能讓你的愛心發揮最大價值。

PART 7

開始行動，
做就對了！

第 28 章

在悲觀世界裡，過著意想的生活

　　本書自始至終，常援引歷史，灌輸讀者未來的看法。種種有深義的建議，諸如：教育選擇、投資選擇、保險需求、投資計畫、退休規畫等，無不以史為鑑，並通過驗證。可是當今金融界有些最聰敏的人士，則認為 21 世紀的日子可不會像以前那麼好過。若干可能不利於本書所用假設的常見顧慮，包括：

- 兩個世紀來，美國股票報酬高於世界各地，如此驚人的經濟成長，不大可能重現於成熟的經濟體。
- 國際市場頭上籠罩大片的烏雲。已發展的歐洲負債累累，還債一事將剝奪未來的經濟成長和發展。新興市場快速顯露老態，無法延續其歷史成長數字。
- 全球利率勢難延續低落的水準。利率正常化無疑會拖累所有資產類別的報酬。
- 世界各地的政府看來作用不彰，未來的世代數十年內很可能都得背負反恐負擔。

• 全球人口成長和老化、稀缺資源耗用與發展的環境成
　本，都很可能阻礙未來成長。

　　有鑑於種種顧慮，達成財務安全的標竿，隨民眾餘命延長
而提高，教育與保健醫療的成本，持續以高於通膨的速度增
加，傳統上由雇主和政府提供的安全網，洞愈來愈大。

　　這樣的悲觀世界觀，會令我們的建議失效嗎？本書的好
處，是無論將來變得怎樣，所做的建議都將繼續作效，僅有的
一項例外可能是退休的忠告。儘管將來世事難料，你最好的辦
法是堅持本書的建議，直到屆臨退休。等到你要管理退休期間
的資產了，可以調整提領和投資的策略，以反映那時的現實。
假如未來日子還算好過，可能可以好好退休生活，並於身後留
下大筆的遺產。假如未來面目全非，你也已經為了不好過的日
子，做了最好的應對，而且將會運用習得的技巧，來化解大環
境的難關，比方說，晚一點退休，延後政府年金，購買商業年
金和長照險來亡羊補牢。結果可能是你心有餘，力亦足以藉由
一定的提領率，滿足你意想的生活方式。

做自己的人生財務長

　　坐上人生的財務賽桌，我們不得不做出各種的預測和估計，比如針對職業選擇、教育成本、投資報酬、餘命長短，通貨膨脹的財務影響 —— 不對就不對，再接再厲就好了。本書提供一套工具，讓你找到假設，從歷史出發，做出合理的猜測，在過程中視新增的資訊進行校正。

　　當先知是不可能的，靠一個策略明哲保身卻是可行的。

第 29 章

不做財務的奴隸

　　將所學付諸實行，動手管理你們家的家庭有限公司可能令人卻步，分析會讓你頭痛。我的建議是**做就對了！**你會失誤，這難免，不過家庭有限公司的概念會成為你的靠山，在你勝任家庭財務主管的過程中，幫忙自我改正。當你迷失在大量的細節，摸不著頭緒，想一想以下總結的上位原則，連同你具備的常識，指引你下決定。

- **別以員工自居。**你可是家庭有限公司的老闆！秉持這樣的自覺行動。
- **不投資教育的後果你擔不起。**好的教育帶你上天堂，給你最大的機會和能力，讓你在中意職業的勞動市場上脫穎而出，得以讓工作的年限，如你所願。
- **成功的職涯不會從天上掉下來，而是有待你來經營。**如果你出社會，在別人手下做事，當一個好員工，只是你事業的一部分；你必須一肩擔起生涯職業和選擇的責

任，別人不會替你想。

- **做投資的原理能夠指引你，將自身的勞力資產配置到預期財務回報最大的工作。**

- **資產管理這塊業務的首要工作是保有流動性，**遇到緊急事故之時，做為勞力這塊業務的預備，以及壞日子的消費之需。手上的頭寸要足敷度難關之需。

- **配置資產之時，務必要將所有的家庭淨值部分都納進來，**如勞力、退撫年金和不動產。

- **合理假設資產類別的報酬**（如股票的通膨後報酬設為4% ～ 5%），並利用低成本的 ETF 或控稅共同基金，建立高度偏好全球股票的投資組合。

- **市場跌跤時，穩住自己的軍心，想一想下述的投資道理：**成功的投資人放長線；資產類別和經理人的績效，會隨著時間，呈現平均回歸的現象；一般而言，比起短期波動，周轉不靈和通膨風險，對你的財務獨立的傷害更大。

- **主動追蹤及監控你們家的家庭財務報表，確保按計畫行事，**檢查你們家的損益表、資產負債表和流動性的管理，有符合你的風險容忍度，還有勞力和消費的型態。

- **用創業精神做為讓你的勞力和資本達成更高財務報酬的手段。**從創業精神切入，重新界定傳統的主僱關係，避免落入「商品化陷阱」。

- **主動監控周轉不靈風險** —— 無法在朝向目標的軌道上站穩的機會。經營你的職涯和財務，進而減輕這項風險。
- **讓家庭遺產的價值極大化及延續下去**，主動將資產管理業務和不動產規畫的經驗主動傳承給下一代。

財務獨立不是目標，
而是實現熱忱、潛能和夢想的手段

有人說，錢不是萬能。我同意，不過沒錢的生活萬萬不能。我在本書的目標，不是要你想遍每一個決定的財務影響，而是幫助你找出重大的決定，以及這樣的決定對你財務人生的影響，才不用天天對錢念念不忘。

我個人邁向財務獨立的心得：金錢的重要性隨著財富累積變低，而非增加。想一下，量入為出的生活，用不著斤斤計較錢怎麼花掉 —— 有件東西你真的很想要或很需要，買下來就是了；想像一下，明白自己有能力送小孩上大學、退休無虞，以及替老伴請長期看護時的安心和快活。

家庭有限公司無意要你成為財務目標的奴隸。本書的原則將幫助你們家達成財務目標 —— 讓你放寬心專注在人生大事，如家屬、親友，及職業與個人的抱負 —— 我自己家正是如此。財務獨立不該是你的目標，而是讓你實現熱忱、潛能和夢想的手段。

附錄

預期終身勞動價值的算法

　　每個人終其一生，從運用生產性的勞動所獲得的潛值，是一項會產生收入流量的資產，而且就像其他金融資產一樣，可以進行估值。個人身上的勞力產生的收入流量，最接近一種稱之為現值成長年金 * 的金融工具。簡單說，年金是定期支付受益人款項的金融契約，類似持有債券會每年收到利息，主要差別在年金到期不會還本。還有一個不像債券或固定年金的地方，即專業人士的實質工資多半會隨年紀、資歷和能力增加，所以我們才用成長年金來類比你的勞力。我們把你從職涯賺到的收入現金流量套用成長年金的公式，就能為你推導未來勞動的預期現值，如下：

現值 =〔當期稅後年報酬／（通膨率－成長率）〕×
　　　{1 －〔（1 ＋成長）／（1 ＋通膨）〕^n}

---

* 現值成長年金是筆數有限、金額隨時間增長，並按照預期通膨和現金流量的時間點與風險予以折現為現值的一連串現金流量。

　　實際上，這條公式的涵義是把全部未來預期款項加總起來，同時考慮款項隨時間成長，及因通膨影響購買力而減少的價值。

　　現實世界的情境更能彰顯這條公式的實用性。回到第 1 章的 25 歲家庭有限公司的例子。

　　　現在年齡：25
　　　退休年齡：67
　　　現在稅後年報酬（年薪工資）：31,150 美元 *
　　　薪資年增率：3%
　　　假定通膨年率：1%

　　將上述勞動的假設值，代入成長年金的公式，就能估算出這人的預期勞動現值，如下：

$$[\$31{,}150 \diagup (.01\text{-}.03)] \times \{1\text{-}[(1+.03) \diagup (1+.01)]^{42}\} = \$1{,}991{,}400$$

　　算出來將近 2,000,000 美元，有點眼熟；這數字其實就是我們在他只有勞力這項資產時，為他算出來的家庭淨值。

---

* 依稅前年薪 44,500 美元計算，假設合併有效所得稅與退撫提撥率為 30%。
　這工資近似具專業學位者的中位數。

理財通系列 007

做自己的人生財務長：
人生就像一間公司，運用經營原則，讓個人財富極大化
Family Inc.: Using Business Principles to Maximize Your Family's Wealth

作　　　者	道格拉斯・麥考米克（Douglas P. McCormick）	
譯　　　者	陳鴻旻、曾志傑	
總 編 輯	何玉美	
主　　　編	林俊安	
校　　　對	張秀雲	
封 面 設 計	FE 工作室	
內 文 排 版	黃雅芬	

出 版 發 行	采實文化事業股份有限公司
行 銷 企 劃	陳佩宜・黃于庭・馮羿勳
業 務 發 行	林詩富・張世明・林踏欣・林坤蓉
會 計 行 政	王雅蕙・李韶婉
法 律 顧 問	第一國際法律事務所　余淑杏律師
電 子 信 箱	acme@acmebook.com.tw
采實粉絲團	http://www.facebook.com/acmebook

I S B N	978-957-8950-43-6
定　　　價	新台幣 360 元
初 版 一 刷	2018 年 7 月
劃 撥 帳 號	50148859
劃 撥 戶 名	采實文化事業股份有限公司
	104 台北市中山區建國北路二段 92 號 9 樓
	電話：(02)2518-5198
	傳真：(02)2518-2098

國家圖書館出版品預行編目資料

做自己的人生財務長：人生就像一間公司，
運用經營原則，讓個人財富極大化／道格拉
斯・麥考米克（Douglas P. McCormick）著；
陳鴻旻、曾志傑譯 . – 台北市：采實文化，
2018.07
320 面；14.8×21 公分 . -- (理財通系列 007)
譯自：Family Inc.: Using Business Principles
to Maximize Your Family's Wealth
ISBN 978-957-8950-43-6（平裝）

1. 個人理財 2. 投資

563　　　　　　　　　　107008540

Family Inc: Using Business Principles to Maximize Your Family's Wealth
Copyright © 2016 by Douglas P. McCormick
Traditional Chinese edition copyright ©2018 by ACME Publishing Co.,
Ltd.
This edition published by arrangement with John Wiley & Sons
International Rights, Inc.,
through LEE's Literary Agency
All rights reserved.

采實出版集團
ACME PUBLISHING GROUP

版權所有，未經同意
不得重製、轉載、翻印

 采實文化事業有限公司
ACME PUBLISHING

104台北市中山區建國北路二段92號9樓

采實文化讀者服務部　收

讀者服務專線：02-2518-5198

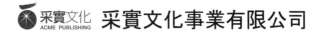

做自己的
人生財務長

人生就像一間公司，運用經營原則，
讓個人財富極大化

FAMILY INC.
Using Business Principles to Maximize Your Family's Wealth

理財通系列 專用回函

系列：理財通系列007
書名：**做自己的人生財務長：人生就像一間公司，運用經營原則，讓個人財富極大化**
Family Inc.: Using Business Principles to Maximize Your Family's Wealth

讀者資料（本資料只供出版社內部建檔及寄送必要書訊使用）：

1. 姓名：

2. 性別：□男　□女

3. 出生年月日：民國　　　　年　　　　月　　　　日（年齡：　　　　歲）

4. 教育程度：□大學以上　□大學　□專科　□高中（職）　□國中　□國小以下（含國小）

5. 聯絡地址：

6. 聯絡電話：

7. 電子郵件信箱：

8. 是否願意收到出版物相關資料：□願意　□不願意

購書資訊：

1. 您在哪裡購買本書？□金石堂（含金石堂網路書店）　□誠品　□何嘉仁　□博客來
　□墊腳石　□其他：＿＿＿＿＿＿＿＿＿＿＿（請寫書店名稱）

2. 購買本書日期是？＿＿＿＿年＿＿＿＿月＿＿＿＿日

3. 您從哪裡得到這本書的相關訊息？□報紙廣告　□雜誌　□電視　□廣播　□親朋好友告知
　□逛書店看到　□別人送的　□網路上看到

4. 什麼原因讓你購買本書？□喜歡料理　□注重健康　□被書名吸引才買的　□封面吸引人
　□內容好，想買回去做做看　□其他：＿＿＿＿＿＿＿＿＿＿＿＿＿＿＿（請寫原因）

5. 看過書以後，您覺得本書的內容：□很好　□普通　□差強人意　□應再加強　□不夠充實
　□很差　□令人失望

6. 對這本書的整體包裝設計，您覺得：□都很好　□封面吸引人，但內頁編排有待加強
　□封面不夠吸引人，內頁編排很棒　□封面和內頁編排都有待加強　□封面和內頁編排都很差

寫下您對本書及出版社的建議：

1. 您最喜歡本書的特點：□圖片精美　□實用簡單　□包裝設計　□內容充實

2. 關於鑄鐵鍋或料理的訊息，您還想知道的有哪些？
＿＿＿
＿＿＿

3. 您對書中所傳達的步驟示範，有沒有不清楚的地方？
＿＿＿
＿＿＿

4. 未來，您還希望我們出版哪一方面的書籍？
＿＿＿
＿＿＿

be
r ch